DUFT-GESCHENKE

PAMELA WESTLAND

DUFT-
GESCHENKE

DUFTKUGELN – GESTECKE
KRÄNZE – POTPOURRIS

30 Ideen für zauberhafte Geschenke aus
Pflanzen, Kräutern und Gewürzen

MOSAIK VERLAG

Dieses Buch erschien zuerst unter dem Titel
Fragrant Crafts 1993 bei Quintet Publishing Ltd., London

Layout: Stuart Walden
Illustrationen: Ivan Hissey
Fotos: Nelson Hargreaves

Der Mosaik Verlag ist ein Unternehmen
der Verlagsgruppe Bertelsmann

 / 5 4 3 2 1
Übersetzung: Ursula Bischoff, Kirchseeon
Redaktion: Jutta Hamberger
Satz: Filmsatz Schröter GmbH, München
Printed in Hongkong · ISBN 3-576-10390-2

Inhalt

Einführung

Viele Jahrhunderte lang haben Kräuter und Gewürze in den gesellschaftlichen Strukturen aller Länder der Welt eine Schlüsselrolle gespielt. Manche galten zeitweilig als so kostbar – vor allem wegen ihrer Heilkraft –, daß sie für religiöse Rituale verwendet und als Opfergaben dargeboten wurden.

Zu Kränzen und Girlanden geflochten, galten sie als Zeichen des Willkommens, der Ehre und des Sieges; in Amuletten verwahrt, sollten sie die bösen Geister abwehren, und zu Kreisen gelegt, symbolisierten sie das Leben selbst. In Gesellschaft trug man Kräuterkugeln, um Wohlgeruch zu verbreiten; Kräutermischungen wurden in den Räumen von Privathäusern und öffentlichen Gebäuden als Duftspender oder Schutz vor Unheil verteilt, Kräutersträußchen wurden zum gleichen Zweck getragen. Kräuter wie Thymian und Lavendel band oder flocht man in Körbe ein, z. B. in die Vorläufer unserer Markt- oder »Sammelkörbe«, in denen man alles nur erdenkliche – von Schlüsselblumen bis zu Wäscheklammern – verstaute.

Vielleicht haben wir erst in unserem modernen Zeitalter, in dem das Aroma von Kräuter-, Gewürzpflanzen und Blumen nicht mehr erforderlich ist, um unwillkommene Gerüche zu kaschieren, oder Kräuterblätter als Antiseptikum überflüssig sind, ihre dekorativen Eigenschaften richtig schätzengelernt.

Interessant ist, daß schon im 16. Jahrhundert Kräuter und Gewürze in den Küchengärten herrschaftlicher Anwesen angepflanzt wurden, um Farbakzente, Struktur und Formenvielfalt zu schaffen. Ähnliche Wirkung läßt sich auch mit einem Kräuterbeet, Blumenkasten und selbst einem schlichten Arrangement in der Küche erzielen.

In Blumentöpfen gezogene Kräuter wirken dekorativ und anheimelnd, z. B. eine Ansammlung von Ton-, Steingut- oder Terrakottatöpfen mit Petersilie, Salbei, Rosmarin und Thymian auf der Küchenfensterbank. Für ein Essen mit Gästen können Sie mehrere kleine Töpfe mit rankenden Kräutern als Dekoration auf ein Tablett in die Tischmitte stellen, eine Drahtschlaufe in den Topf stecken und Rosmarin oder Storchschnabel ringförmig daran entlang wachsen lassen oder durch Beschneiden Zimmerbäumchen aus Rosmarin, Heiligenkraut, Zitronenkraut und Lorbeer ziehen. Alle Kräuter mit geradem Stengel lassen sich ähnlich dem Lorbeerbaum zur Kugel stutzen.

Selbst ein schlichter weißer Krug mit Kräutern auf dem Küchentisch kann wie ein kleines Kunstwerk aussehen. Rosmarinzweige mit ihren dunkel- und silbergrünen Nadeln kommen besonders gut mit frischen gelbgrünen Kamilleblättern zur Geltung. Sie können auch flache, rundblättrige Minzen mit den stecknadelkopfgroßen goldenen Thymianblättern oder die purpurfarbenen Blüten des wilden Majoran mit den warmen, goldenen Farbtönen von blühen-

dem Gänsefingerkraut und Dill arrangieren. Fügen Sie Küchenutensilien aus Kupfer oder Holz hinzu, z. B. ein Puddingförmchen oder eine alte Gewürzmühle, und schon haben Sie ein perfektes Stilleben.

Wenn Sie darauf achten, wie Kräuter und Gewürze in der Natur wachsen – eine dichte tiefblaue Lavendelhecke, ein gelbblühendes Feld mit nahe beieinander stehendem Ackersenf oder Schnittlauchbüschel mit purpurfarbenen Blüten –, dann erhalten Sie Hinweise, wie sie sich dekorativ arrangieren lassen. Obwohl eine einzelne Mohnblume überall ein leuchtender Blickfang ist – z. B. in einem Krug mit Ackerfrauenmantel –, sollten Sie andere Kräuter und Gewürzpflanzen gruppieren. Die Anordnung gleicht ihrem natürlichen Wachstum, und die Farben wirken intensiver.

Die Schritt für Schritt erklärten Projekte sind von Gebräuchen und Traditionen aus aller Herren Länder inspiriert. Der »Hochzeitskranz« mit den glücksbringenden Gewürzsamen-Beutelchen stammt aus Nordamerika; das Rosmarinherz erinnert an Ophelia aus Shakespeares »Hamlet«; der Kerzenring ist eine Abwandlung des Adventskranzes; Gewürzbäumchen waren seit mehreren hundert Jahren in Nordeuropa, vor allem in Holland, beliebt; »Tussie-Mussies« sind Kräutersträußchen, die im Mittelalter in England getragen wurden. Duftkugeln, Potpourris und Gebinde aller Art zeugen von dem seit langem bekannten Wissen um das dekorative Potential aromatischer Pflanzen.

Unsere Körbe mit Flechtwerk oder Umhüllung aus Kräuter- und Gewürzpflanzen wurden mit kulinarischen und aromatischen Leckerbissen gefüllt. Getrocknete Gewürze und Kräutergelees im Glas, in Zellophan verpackt und mit Schnittlauch und Rosmarinstengeln umwickelt, sind ein begehrtes Mitbringsel. Öl- und Essigflaschen, mit Kräuterzweigen und Gewürzsamen aromatisiert, wirken sehr dekorativ, und Gläser mit Knoblauchzehen und frischem Ingwer, in Olivenöl und Sherry eingelegt, sehen so appetitlich aus, daß man sie am liebsten gleich öffnen würde.

Im ersten Kapitel wird beschrieben, wie Kräuter- und Gewürzpflanzen gepflückt, getrocknet und zu lange haltbaren Gebinden arrangiert werden. In den folgenden fünf Kapiteln finden Sie eine Fülle von Ideen zum Nacharbeiten und im Anhang ein Verzeichnis mit einer Beschreibung der einzelnen Pflanzenarten nebst Tips zum Trocknen und Dekorieren. Das abgebildete Arbeitsmaterial – Steckschwamm, Draht, Schnur und Klebeband – zeigt, daß Sie nur wenig Spezialausrüstung brauchen, um zufriedenstellende Ergebnisse zu erzielen.

Ich hoffe, daß Sie sich durch diese Projekte anregen lassen, Ihre eigenen kreativen Ideen und Designs zu entwickeln, die vielleicht im Laufe der Zeit zu einer Familientradition werden.

KAPITEL 1

Kräuter und Gewürze trocknen

Falls Sie je im Hochsommer durch einen Kräutergarten geschlendert sind, wenn die zarten Blumen am schönsten blühen, oder an einem Spätnachmittag, wenn die Kräuter den stärksten Duft verströmen, und sich gewünscht haben, diesen Augenblick für immer festzuhalten – dann können Sie das nun. Durch Trocknen von Kräuter- und Gewürzpflanzen, sobald sie ihre Blütezeit erreichen, legen Sie sich bald einen dekorativen Vorrat duftender Materialien und unvergänglicher Erinnerungen zu.

Viele Blätter und Blumen lassen sich auf die einfachste und natürlichste Weise trocken: Sie werden gebündelt an einem warmen, trockenen, luftigen Platz aufgehängt. Einige Pflanzen, die ihre Form oder Substanz dadurch verlieren würden, können über einen längeren Zeitraum in einem Entfeuchter (Exsikkator) oder innerhalb von Minuten im Mikrowellenherd konserviert werden. Andere Blumen und Blätter lassen sich mit guten, wenn auch merklich anderen Ergebnissen in einer Lösung aus Glyzerin und Wasser haltbar machen. Und dann gibt es noch das bei Kindern so beliebte Pressen, wodurch zahlreiche Kräuterblätter und Blumen ihre perfekte Form bewahren und gemeinsam mit getrockneten Gewürzpflanzen arrangiert werden können. Der Magische Kreis in Kapitel 2 ist ein Beispiel für so eine farbenprächtige Kombination. Welche Methode Sie auch wählen – Ihr Pflanzenmaterial muß dehydriert werden, so daß sich keine Schimmelpilze und Bakterien mehr bilden. Es muß völlig trocken sein, weshalb es sich empfiehlt, es an einem sonnigen Tag zu schneiden, nachdem der Morgentau verdunstet ist und bevor sich Abendtau absetzt, denn sonst beginnt es zu faulen, bevor Blätter und Blüten trocken werden. Auch die Mittagszeit sollte man meiden, weil die Pflanzen dann oft welk sind und am wenigsten duften. Die beste Zeit ist also der späte Vormittag und der Nachmittag.

Wenn Sie die Pflanzen nicht gleich bündeln und zusammenbinden, aufhängen oder ausbreiten können, zupfen Sie die unteren Blätter ab und stellen die Stengel in ein tiefes Behältnis mit kaltem Wasser an einen kühlen, dunklen Ort. Sie sollten keinesfalls lange ohne Wasser auf dem Küchentisch liegen, sonst müssen Sie die Hoffnung auf gute Ergebnisse nach dem Trocknen aufgeben.

Rechts: *Verschiedene Kräuter in Töpfen auf einer sonnigen Terrasse, z.B. Basilikum, Salbei, Rosmarin, Schnittlauch, Petersilie, Thymian und Dill.*

Unten: *Die warmen Brauntöne vieler Gewürze lassen sich sehr dekorativ arrangieren. In und um das alte Gewürzschränkchen sehen Sie Zimtstangen, Lorbeerblätter, Sternanis, Kardamomkapseln, Koriander, Muskatnuß und getrocknete Chilis.*

Lufttrocknen

Diese einfachste und bequemste Methode ruft Erinnerungen an Büschel mit Minze und Majoran, Fenchel und Mutterkraut wach, die früher an Schnüren in der Zimmerecke hingen, und an Korbtabletts mit ausgebreiteten Gewürzsamen, die bis Sonnenuntergang im Freien trockneten.

Lufttrocknen ist keine Kunst. Um gute Ergebnisse zu erhalten, sollte man jedoch folgendes beachten: Da hier die Feuchtigkeit aus Blütenblättern, Stengeln, Blattwerk und Samen durch Luft entzogen werden soll, muß diese warm und trocken sein und frei zirkulieren können. Die Temperatur sollte nicht unter 10 Grad Celsius liegen, wobei die Feuchtigkeit eine noch größere Rolle spielt. Das schließt Waschkeller, Küche und Bad, in denen sich Wasserdampf entwickeln kann, und überdachte Plätze im Freien, wie Garage und Schuppen für Gartengeräte, die möglicherweise feucht werden, aus.

Meiden Sie auch starkes Licht, besonders Sonneneinstrahlung, da es den Pflanzen Farbe und Duft entziehen kann. Beim Trocknen im Haus empfiehlt es sich, das Material neben und nicht direkt gegenüber einem Fenster zu verwahren. Wenn Sie es draußen verarbeiten, dann sollten Sie zumindest Halbschatten wählen und, wenn nötig, den Arbeitsplatz verlegen, sobald die Sonne wandert.

Die am weitesten verbreitete Methode besteht darin, das Pflanzenmaterial mit Blüten, Blättern oder Samenansätzen kopfunter gebündelt aufzuhängen. Streifen Sie die unteren Blätter ab, und schnüren Sie kein dickes, sondern mehrere kleine Bündel, damit die Luft besser zirkulieren kann. Versuchen Sie auch, die Blüten vor dem Aufhängen so zu arrangieren, daß die Köpfe auf verschiedener Höhe liegen. Das Ergebnis ist enttäuschend, wenn Sie beispielsweise Kornblumen so dicht und fest zusammenschnüren, daß die Pflanzen in der Mitte nicht mehr atmen können.

Die Bündel werden zwei- oder dreimal mit Bast, Schnur, dünnem Bindfaden oder was immer Sie gerade zur Hand haben umwickelt und die Enden mit einem Laufknoten fixiert. Wenn die Stengel schrumpfen, was beim Trocknen normal ist, läßt sich der Knoten jeden Tag fester ziehen, und das Bündel bleibt unversehrt.

Folgende Pflanzengruppen können dekorativ aufgehängt und gut luftgetrocknet werden: Alle immergrünen Kräuter, z. B. Lorbeer, Rosmarin, Lavendel, Heiligenkraut, Salbei und Scharlachkraut; Doldengewächse wie Dill, Fenchel und Schafgarbe, Liliengewächse wie Schnittlauch und Knoblauch, mit dichten Blütenköpfchen, oder Korbblütler wie Mutterkraut, Kamille und Kornblumen, mit Rispen wie Ackerfrauenmantel oder dichten, langen Blütenständen wie Lavendel und Estragon sind geeignet, Rosenknospen sind immer eine dekorative Ergänzung. Auch Samenansätze lassen sich hervorragend trocknen, z. B. von Kümmel, Dill, Sauerampfer und Salbei. Mit dem Blattwerk von Kräutern wie Minze und Majoran, Zitronenmelisse und Basilikum, zum Trocknen aufgehängt, erzielen Sie die gleichen Erfolge, wenn Sie diese zu einem reizvollen, fast überladen wirkenden Strauß zusammenstellen möchten. Wollen Sie diese eher für ein sparsameres Arrangement verwenden, bei dem die Einzelheiten klarer sichtbar sind, empfiehlt sich das Trocknen in einem Entfeuchter.

Wenn nach dem Aufhängen und Lufttrocknen der Kräuter das Ergebnis optisch zu wünschen läßt, ist nicht alles verloren. Entfernen Sie vorsichtig die Blätter von den Stengeln – getrocknet zerfallen sie leicht –, und benutzen Sie diese für ein Potpourri. Zitronenmelisse verleiht der Mischung ein köstliches Zitrusaroma; Minze und ihre vielfältigen Kreuzungen verströmen einen leichten erfrischenden, und Oreganoblätter einen warmen herben Duft. Die Kombinationsmöglichkeiten sind schier endlos.

Einige wenige Pflanzen können – obwohl es widersprüchlich erscheint – in einer mit ca. 5 cm Wasser gefüllten Vase luftgetrocknet werden, die in einem warmen, trockenen, gut durchlüfteten Zimmer steht. Diese Methode eignet sich besonders für Korbblütler wie Mutterkraut, Kamille und Kornblumen. Die Stengel nehmen die Flüssigkeit auf, die nach und nach verdunstet, bis Behältnis und Blumen trocken sind.

Links: *Genauso dekorativ wie Blumen – Knoblauch und Chilis, die in der Sonne trocknen. Die Knoblauch-Blütenköpfe wurden an einen Drahtring gebunden.*

Rechts: *Kräuter und Blumen, gebündelt und an ein Gestell gehängt, können draußen trocknen, jedoch nicht in der prallen Sonne.*

Blätter und Blumen pressen

Viele Kräuter, Gewürzpflanzenblätter und einige Blumen lassen sich gut pressen. Sie können für Grußkarten verwendet werden, um Erinnerungen an einen Kräutergarten im Sommer aufzufrischen, oder für abstrakte, phantasievolle Bilder. Selbst Blätter wie Grüne Minze und Zitronenmelisse, die keinen großen optischen Reiz bieten, können als Untergrund für eine Collage aus gepreßten Pflanzen benutzt werden, auf dem augenfällige Materialien prangen, wie Frauenmantelzweige, Gänsefingerkraut- oder die gefiederten Fenchelblätter. Herbalgewächse wie Boretsch, Nelken, Kamille, Mutterkraut oder Kapuzinerkresse und Doldengewächse wie Dill, Kerbel usw. lassen sich problemlos pressen.
Sie können eine im Handel erhältliche Blumenpresse oder schwere Bücher zum Pressen benutzen. Bei der Blumenpresse sind zwischen den Holzbrettchen saugfähiges Papier und Pappe geschichtet; die Lagen werden durch Daumenschrauben zusammengepreßt.
Eine improvisierte Methode stammt aus dem Viktorianischen Zeitalter: Hier wird Löschpapier zwischen die Blätter eines dicken Buches – vielleicht ein altes Telefonbuch – gelegt, das man dann beschwert, z. B. mit einem Bücherstapel.
Welche Methode Sie auch wählen, das Material sollte mehre Wochen, fülliges sogar bis zu sechs Monaten, an einem trockenen Ort aufbewahrt werden. Wenn Sie zu Beginn des Prozesses zwei- oder dreimal das Löschpapier wechseln, das getrocknet und wiederverwendet werden kann, erzielen Sie hervorragende Ergebnisse.

Gepreßte Blüten und Blätter müssen vorsichtig behandelt werden, da sie nach dem Trocknen spröde und leicht zerbrechlich sind. Benutzen Sie zum Anheben und Verschieben des Materials eine Pinzette und einen kleinen Pinsel. Es sollte in Schachteln oder Schubladen, ohne starke Lichteinwirkung und natürlich in einem trockenen Raum, aufbewahrt werden, da es dazu neigt, schnell wieder Feuchtigkeit aufzunehmen.

Trocknen im Mikrowellenherd

Bei dieser Methode werden die Pflanzen in Minuten statt Tagen getrocknet. Sie eignet sich für Doldengewächse wie Majoran und Frauenmantel, Rainfarn und Schafgarbe, Kornblumen und Kamille, für die Blätter von Lavendel und Heiligenkraut, Salbei und Scharlachkraut, Fenchel und Rosmarin. Die Methode ist einfach. Bedecken Sie die Drehscheibe oder einen Teller mit Küchenpapier, arrangieren Sie die Materialien in einer einzigen Schicht, so daß sie sich nicht berühren, und lassen Sie alles ca. 3 Minuten auf niedriger Stufe trocknen. Die genaue Zeit richtet sich nach der Wattzahl der Mikrowelle und nach Menge und Dichte des Pflanzenmaterials. Prüfen Sie alle 30 Sekunden nach, und nehmen Sie die Pflanzen heraus, sobald sie spröde und papierartig werden. Nur wenige Sekunden zu lang, und sie sind zur Weiterverarbeitung zu brüchig.

Zu den Kräutern und Blumen, die im Mikrowellenherd offen getrocknet werden können, zählen Majoran, Strohblumen und Kornblumen.

Kräuter können in Silicagel-Kristallen in der Mikrowelle, im Backofen auf niedrigster Stufe oder in einem zugedeckten Behältnis bei Zimmertemperatur getrocknet werden. Das Pflanzenmaterial sollte vollständig von den Kristallen bedeckt sein. Nach dem Trocknen werden sie mit einem kleinen weichen Pinsel von den Kräutern entfernt.

Entfeuchter

Das Trocknen im Entfeuchter erweitert die Palette Ihrer Wahlmöglichkeiten. Darin lassen sich so unterschiedliche Pflanzenmaterialien wie Zitronenkrautblätter und Eibischblüten, voll geöffnete Rosen und zartblaue Boretschblüten, leuchtende Ringelblumen und duftende Gartennelken, bitter-süße Ysopblätter und rotgetönte Zitronenminze trocknen.

Sie brauchen ein Mittel, das den Pflanzen die Feuchtigkeit entzieht und mit jedem Teil des Blatts oder der Blüte in Berührung kommen muß.

Es gibt verschiedene Entfeuchter, und Sie sollten mit zwei oder drei experimentieren, um zu sehen, mit welchem Sie die besten Ergebnisse erzielen. Die Kosten sind unterschiedlich; sie können aber alle gesiebt, auf Tabletts oder bei niedriger Temperatur im Ofen getrocknet, in luftdichten Behältnissen aufbewahrt und wiederverwendet werden.

Alaunpuder (Aluminiumsulfat) und Haushaltsborax (borsaures Salz), beides in der Drogerie erhältlich, eignen sich besonders gut für kleine Objekte, wie etwa Boretschblüten. Mit gemahlenen Silicagel-Kristallen, die Sie in Drogerien, Blumen- und Fotoläden kaufen können, lassen sich selbst bei den empfindlichsten Materialien gute Resultate erzielen. Maismehl aus dem Lebensmittelgeschäft oder Supermarkt hat eine ähnliche Anwendungsbandbreite, und trockener, schwerer Silbersand, wie er in Baumärkten angeboten wird, läßt sich für größere Pflanzen benutzen.

Silicagel-Kristalle sind besonders vielseitig und wirken am besten, wenn sie durch Hitze im Mikrowellenherd oder konventionellen Backofen unterstützt werden. Sie sind in zwei Formen erhältlich: die weißen Standardkristalle sowie die im trockenen Zustand blaue Sorte, die sich allmählich weiß bis blaßrosa verfärbt, wenn sie Flüssigkeit vom Material absorbiert und feucht wird. Manche Kristalle sind fast so groß wie Zucker und würden das Pflanzenmaterial durch ihr Gewicht zerdrücken; sie sollten in der Mühle gemahlen (aber nicht pulverisiert!) oder von Hand im Mörser zerstoßen werden.

Alaun und Borax kleben leicht an den zarten Blättern und lassen sich nur schwer vom brüchigen, getrockneten Material entfernen. Einfacher geht es, wenn Sie 1 Teil Silicagel-Kristalle mit 2 oder 3 Teilen Alaun oder Borax mischen.

Wählen Sie ein flaches Gefäß, auf die Trockenmethode mit Entfeuchtern abgestimmt – Sie benötigen Schachteln mit Deckel oder Dosen zum »Kalttrocknen«, offene, feuerfeste Behältnisse für den Backofen und Mikro-

Links: *Kräuter bilden einen dekorativen, duftenden Rahmen für einen Sommerblumenstrauß – hier Scharlachkraut, Thymian, Minze, Dill, Rosmarin und Lorbeer.*

wellengeschirr oder Pappschachteln für die Mikrowelle.

Kürzen Sie die Zweige und Stengel, so daß sie waagerecht ins Behältnis passen; bei Blumen wie Ringelblumen, Nelken und Rosen sollten sie nicht länger als 2,5 cm sein. Füllen Sie eine 12 mm hohe Schicht des Entfeuchters in das Behältnis. Arrangieren Sie blättrige Zweige flach und Blüten aufrecht in den Kristallen. Streuen Sie vorsichtig Entfeuchter darüber, so daß jeder Teil vollständig bedeckt ist. Füllen Sie die Schicht 12 mm hoch auf.

Zum »Kalttrocknen« wird der Deckel auf das Behältnis gegeben. Falls er nicht fest sitzt, wird er mit Klebeband luftdicht verschlossen. Das Behältnis sollte mindestens drei Tage nicht geöffnet werden, je nach Dichte und Feuchtigkeitsgehalt des Pflanzenmaterials; dann kontrollieren Sie jeden Tag, ob es trocken genug ist, um es herauszunehmen.

Den Backofen schalten Sie auf niedrigste Stufe; falls Sie nur Silicagel-Kristalle verwenden, sollten Sie die Pflanzen 20–25 Minuten trocknen, je nach Beschaffenheit des Materials, und regelmäßig prüfen. Wenn Sie eine Mischung aus Silicagel-Kristallen und anderen Entfeuchtern mit weniger hitzeleitenden Eigenschaften benutzen, verlängert sich die Trockenzeit ungefähr um die Hälfte.

Wenn Sie Mikrowelle und Entfeuchter wählen, wird das Material 6–7 Minuten auf niedriger Stufe in einem offenen Behältnis getrocknet. Die jeweilige Zeit richtet sich nach Beschaffenheit des Herdes, des Entfeuchters und der Pflanzen. Sie sollten die Fortschritte am besten jede Minute überprüfen und sich für später Notizen machen, z. B.: »Pappschachtel, Silicagel-Kristalle, 5 Ringelblumen, drei gefüllte Nelken, niedrige Stufe, 4 1/2 Minuten, nicht fertig; plus 1 Minute, nicht fertig; plus 1 Minute, fast trocken; plus 30 Sekunden, trocken.«

Hitzegestützte Entfeuchter müssen rund 10 Minuten abkühlen, bevor Sie die getrockneten Pflanzen vorsichtig entfernen. Die Oberfläche wird mit einem kleinen Kamelhaar- oder weichem Zeichenpinsel abgewischt und das Material an einem trockenen Platz in Schachteln zwischen Seiden- oder Küchenpapier verwahrt.

Die geheime Sprache der Kräuter und Gewürze

Vor langer Zeit, als man oftmals ohne geschriebenes oder gesprochenes Wort Botschaften austauschte und Gedanken zum Ausdruck brachte, glaubte man, Rosmarin stärke das Erinnerungsvermögen, Fenchel deute ein Lob an und Gartenraute sei ein Sinnbild der Reue. Und so wurden mit einem Kräutersträußchen, das man verschenkte oder erhielt, die geheimsten Gefühle »durch die Blume« offenbart.

Diese verborgene Sprache erlebte im Viktorianischen Zeitalter eine Wiedergeburt, und Wörterbücher wurden geschrieben, um Schenkenden und Empfängern Zugang zum »Geheimcode« zu geben. Einige dieser symbolischen Bedeutungen sind unten aufgelistet. Es macht Spaß, Freunden ein Basilikumtöpfchen zu schenken, um ihnen alles Gute zu wünschen.

Ackerfrauenmantel	moderne Lebensart
Basilikum	die besten Wünsche
Boretsch	unverblümt
Eberraute	Spaß, neckisches Geplänkel
Engelwurz	Inspiration
Estragon	anhaltendes Interesse
Fenchel	Gewalt, Stärke
Gartenraute	Reue
Gewürznelke	Zärtlichkeit duldend
Grüne Minze	Gefühlswärme
Kamille	gegenläufige Energie
Kapuzinerkresse	Vaterlandsliebe
Kerbel	Aufrichtigkeit
Koriander	geheime Verdienste
Kreuzkümmel	Treue
Lavendel	Fleiß
Lorbeerbaum	Ehre
Lorbeerblatt	unerschütterlich
Majoran	Schamhaftigkeit
Minze	Tugend
Mohnblume	Trost
Moosrose	überlegene Vorzüge
Myrrhe	Freude, Fröhlichkeit
Nelken	Würde
Oregano	geistige Tiefe
Pelargonie *(P. peltatum)*	bräutliche Gunst
Pelargonie *(P. fragrans)*	unerwartete Begegnung
Pelargonie *(P. odoratissimum)*	derzeit bevorzugt
Petersilie	festliche Stimmung
Pfefferminze	Wärme, Herzlichkeit
Piment	Einfühlsamkeit
Rainfarn	feindselige Gedanken
Ringelblume	Unbehagen
Rose, Damaszener	hervorrag. Charakter
Rose, Hundertblättrige	Botschafter der Liebe
Rosmarin	Erinnerung
Safran	Heiterkeit
Salbei	Wertschätzung, Häuslichkeit
Sauerampfer	elterliche Zuneigung
Senfsamen	Gleichgültigkeit
Springkraut	Hände weg
Thymian	Aktivität, Mut
Wacholder	Beistand, Schutz
Weihrauch	ein treues Herz
Wermut	Abwesenheit
Ysop	Sauberkeit
Zitronenmelisse	Sympathie

In Glyzerin konservieren

Beim Trocknen von Pflanzen durch freie Luftzirkulation oder in einem Entfeuchter haben Blattwerk und Blüten eine matte Oberfläche. Durch Konservieren in Glyzerin und Wasser – eine Methode, die sich nur für eine beschränkte Anzahl Materialien eignet – erhalten sie jedoch zusätzlichen Glanz.

Hier nehmen die Stiele die Lösung auf und leiten sie an jeden Teil der Pflanze weiter. Wenn das Wasser verdunstet, speichern die Pflanzenzellen das Glyzerin, ein Konservierungsmittel. Gleichzeitig tritt eine leichte Farbveränderung ein – Lorbeer und Rosmarin werden z. B. etwas dunkler, behalten jedoch ihren Duft, während fleischige Blätter wie Kapuzinerkresse und Muskatellersalbei ebenfalls nachdunkeln und die Blattmaserung deutlicher hervortritt. Hagebutten nehmen eine leicht dunklere Tönung an, bleiben aber ein farbenfrohes Element in Ihrer Sammlung dekorativer Materialien.

Für das Konservieren in Glyzerin streifen Sie die unteren Blätter ab, da diese sonst in die Lösung eingetaucht wären. An der Basis holziger Stengel, z. B. bei Wacholder oder Rosmarin, die Borke ca. 2,5 cm lang abschälen; die Stielenden mit einem scharfen Messer spalten oder mit einem Hammer leicht zerdrücken.

Mischen Sie eine Lösung aus 1 Teil Glyzerin, in Drogerien erhältlich, und 2 Teilen sehr heißem aber nicht kochendem Wasser, die gründlich verrührt und ca. 5 cm hoch in ein hitzefestes Behältnis gefüllt wird. Stellen Sie die Stielenden so hinein, daß sie vollständig in die Lösung getaucht sind. Das Behältnis an einem trockenen Platz ohne starken Lichteinfall mindestens drei Tage stehenlassen. Große Pflanzen – z. B. Rosmarin- oder Lorbeerzweige – brauchen beträchtlich länger.

Sie erkennen, wann die Pflanzenmaterialien fertig sind, denn im Gegensatz zu den Ergebnissen bei anderen Trockenmethoden sind die in Glyzerin konservierten weich und geschmeidig, glänzend und farbkräftig, ohne Zeichen der Trockenheit oder Brüchigkeit. Bei größeren Teilen, wie Lorbeer- oder Rosenblättern, kann Feuchtigkeit auf der Oberfläche perlen, was anzeigt, daß sie mit Lösung getränkt sind.

Nach dem Konservieren das Material aus der Lösung nehmen, waschen, die Stengel abtrocknen und aufrecht in trockenen Behältnissen oder flach, zwischen Seiden- oder Küchenpapier in Schachteln, aufbewahren. Sie können die Glyzerin-Lösung durch ein Sieb streichen, sie in einer geschlossenen Flasche aufheben und vor der Wiederbenutzung erwärmen.

Rechts: *Kräuter und Gewürze sehen selbst während des Konservierungsprozesses reizvoll aus. Die Stengel werden solange in eine Lösung aus Glyzerin und Wasser gestellt, bis die Blätter glänzend und geschmeidig sind. Hier wurden das Blattwerk von Lorbeer, Rosmarin, Heiligenkraut und Salbei sowie blühender Fenchel und Kümmel verwendet.*

KAPITEL 2

Kränze und Girlanden

Kränze und Girlanden, aus Kräutern und Gewürzen geflochten, haben eine lange Tradition und eine tiefe Symbolik. Seit Menschengedenken wurden überall auf der Welt Kräuterkränze als Willkommenszeichen über der Tür aufgehängt und ein neues Haus mit einem Richtkranz als Glücksbringer versehen. Angehörige aller Kulturen fertigten Kränze und Girlanden aus ihren kostbarsten Besitztümern, häufig Kräutern und Gewürzen, um ihre Gebetsstätten für religiöse Feiern und Familienfeste und später ihre Wohnstätten zu schmücken.

Tradition und Handwerk des Kranz- und Girlandenflechtens leben weiter und sind heute so beliebt wie eh und je. Sie können das Grundmaterial, den Ring oder Girlandenbogen, aus Weinreben, Klematis, Gräsern oder Zaunrüben-Ranken binden und mit allem, was Sie gerade zur Hand haben – Kräutern, Blumen, Gewürzpflanzen und Samenansätzen –, verzieren oder in Blumen- und Bastelläden unter einer breiten Palette unterschiedlicher Kranzgrößen wählen. Hier gibt es Ringe aus gedrehten Zweigen, aus trockenem und wasserabsorbierendem Steckschwamm, aus geflochtenem Stroh, Bast und Gehänge in vielen Formen.

KRÄUTER-CHILI-KRANZ

Eine perfekte Kombination aus Kräutern und Gewürzen – ein Doppelring –, den Sie in der Küche aufhängen können, wobei die Komponenten gleichzeitig trocknen.

MATERIAL

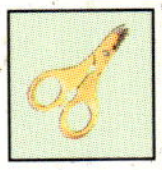

Kräuter wie Lorbeer, Rosmarin, Minze, Estragon, Zitronenmelisse, Salbei und Thymian
Bast
Drahtring (hier 25 cm Durchmesser)
Blumenschere
Grüne Schnur zum Binden
Rolle silberner Blumendraht
Stück dicker Draht
Drahtschere
Grüne Chilischoten

1 Wählen Sie Kräuter aus, die einen natürlichen Kontrast bilden, z. B. solche mit matten und glänzenden, gerundeten und länglich-lanzettlichen Blättern.

2 Drei oder vier Bastfäden herausziehen, am Drahtring verknoten und den Rahmen dicht umwickeln.

3 Kräuterstengel auf gleiche Länge kürzen. Verschiedene Kräuter bündeln; die Stengel mit Schnur oder Silberdraht umwickeln. Sträußchen so am Rahmen befestigen, daß die Blätter die zuvor gebundenen Stengel verdecken. Weitere Bündel zufügen, bis der Ring bedeckt ist.

4 Drahtstück in Länge des inneren Rings abmessen, plus Zugabe zum Befestigen. Chilis auf den Draht fädeln, die Drahtenden übereinanderlegen und mit Silberdraht umwickeln. Chilis so arrangieren, daß die Nahtstelle verdeckt ist.

5 Chili-Ring mit Silberdraht am Kräuterkranz befestigen; dabei eine Schlinge zum Aufhängen fertigen. Den Kranz an einem Küchenschrank, einer Anrichte, an der Wand oder einem Balken aufhängen. Wenn der Raum warm und nicht feucht ist, trocknen die Kräuter und Gewürze zufriedenstellend.

BUNTER KÜCHENKRANZ

Verwenden Sie die farbenprächtigsten Kräuter- und Gewürzpflanzen, die Sie finden können – glänzende grüne und knallrote Chilis, purpurfarbenen und weißen Majoran und toastbraune Muskatnüsse –, für diesen rustikalen Küchenschmuck.

MATERIAL

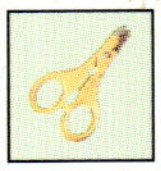

Immergrüne Kräuter wie Lorbeer und Rosmarin
Majoranblüten
Blumenschere
Rolle silberner Blumendraht
Weinrebenform (hier 25 cm Durchmesser)
Gewürze wie getrocknete rote und grüne Chilis, Ingwer, Zimtstangen, Muskatnüsse und Sternanis
Bast
Schere
Stumpendraht
Drahtschere
Durchsichtiger Schnellkleber oder Klebepistole

1 Mit einer Klebepistole lassen sich die Gewürze schnell und problemlos befestigen; andernfalls sollten Sie einen starken Kleber nehmen, der relativ schwere Gewürze wie Ingwer und Muskatnuß fixiert.

2 Kräuterstengel kürzen und zwischen die Reben der Kranzform stecken. Dabei am besten zwei oder drei Rosmarin- und Majoranstengel, mit Silberdraht umwickelt, bündeln.

3 Drei oder vier Zimtstangen mit Bast zusammenbinden; Bastenden abschneiden. Stumpendraht halbieren, zur U-förmigen Krampe biegen und ein Ende unter dem Bast durchziehen. Die Drahtenden in die Kranzform stecken.

4 Chilis dicht nebeneinander und kreuzweise aufkleben. Getrocknete Ingwerstücke und Muskatnüsse und als letztes den Sternanis aufkleben; mit diesem besonders dekorativen Gewürz schaffen Sie einen Blickfang auf Zimtstangen und Ingwer.

5 Den Kranz an einer Küchenwand oder Tür aufhängen, auf eine Arbeitsfläche oder als Dekoration bei einem zwanglosen Essen mit Freunden in die Tischmitte legen.

KULINARISCHER ZOPF

Küchenkräuter und Gewürze sind hier zu einem schmuckvollen Wandgebinde für Küche oder Eßzimmer zusammengestellt. Sie können auch zwei fertigen und sie zu beiden Seiten eines Fensters, einer Tür oder eines offenen Kamins hängen.

MATERIAL

Gewürze wie getrocknete rote Chilis, Muskatnüsse, Zimtstangen und Knoblauch
Durchsichtigen Schnellkleber oder Klebepistole
Stumpendraht
Drahtschere
Rolle silberner Blumendraht
Immergrüne Kräuter wie Lorbeer, Rosmarin und Salbei
Fenchelsamen
Majoranblüten
Blumenschere
Dicker Bastzopf (hier 55 cm lang)
Bast
Netzband, 4 cm breit
Schere

1 Planen Sie als erstes die Farbkomposition Ihres Gebindes. Wählen Sie ein Schmuckband, das zum Einrichtungsstil des Raumes und zu den natürlichen Farben der Komponenten paßt.

2 Vier oder fünf Muskatnüsse traubenförmig zusammenkleben. Nach Trocknen des Klebstoffs den Stumpendraht durch einen der Zwischenräume fädeln und zur U-förmigen Krampe biegen.

3 10–12 Chilis auf ein Stück Silberdraht fädeln. Die beiden Drahtenden umeinanderdrehen, um die Chilibündel zu fixieren.

4 Mehrere Stumpendrähte halbieren und zu U-förmigen Krampen biegen. Stengel der Blumen, Kräuter- und Gewürzpflanzen kürzen, zu gemischten Bündeln zusammenstellen und die Stengel mit Silberdraht umwickeln. Die Bündel in Abständen durch Eindrücken der Krampen auf dem Zopf befestigen.

5 Drei oder vier Zimtstangen mit Bast bündeln; die Enden verknoten und abschneiden. Drahtkrampe durch den Bast schieben und die Bündel auf den Zopf stecken. Chilis, Muskatnüsse und Knoblauch in Abständen auf dem Zopf befestigen.

6 Zum Schluß das Netzband zu Schleifen binden, Krampen durch die hinteren Schlaufen fädeln und auf dem Zopf feststecken. Die Enden zum Versäubern schräg abschneiden.

HOCHZEITSKRANZ

Dieser duftige Hochzeitskranz aus getrockneten Blumen in Weiß, Silber und Zartrosa entspringt einem alten Brauch. Die Säckchen enthalten Gewürzsamen – Glücksbringer, die einer Tradition gemäß Frischvermählten nachgeworfen werden, wenn sie in die Flitterwochen aufbrechen. Sie können zusätzliche Säckchen fertigen und für die Gäste neben dem Ausgang aufstellen.

MATERIAL

Rebenkranzform
(hier 25 cm Durchmesser)
Weiße Emulsionsfarbe
Pinsel
Getrocknete Blumen wie Strohblumen, Sonnenflügel *(Helipterum manglesii)*, Kornblumen, Gipskraut, Rosenknospen und Hortensienblüten
Getrocknete, silberblättrige Pflanzen wie Eberraute, Strohblumen *(Helichrysum italicum serotinum)* oder Sanddorn/Tamariske und Salbei
Blumenschere
Rolle silberner Blumendraht
2 große getrocknete Rosen
Durchsichtiger Schnellkleber oder Klebepistole
Zartrosa und weißer Tüll
Teller oder Zirkel
Schere
kleine, hellfarbige Gewürzsamen wie Fenchel, Bockshornklee und Sesam
Teelöffel
Weißes Baumwollschräg- oder Satinband, 8 mm breit

1 Den Kranz weiß anmalen und trocknen lassen. Stengel der Trockenblumen und Blätter kürzen, gemischte Sträuße zusammenstellen und mit Silberdraht binden. Stengel auf gleiche Länge kürzen.

2 Eine getrocknete Rose oben, die andere unten auf den Ring kleben. Oben beginnend die Trockenblumensträuße an einer Seite, mit den Köpfen zur Rose weisend, so aufkleben, daß die Blüten die Stengel der vorherigen bedecken. Unten Platz für die Beutel freilassen. Nun die Sträuße an der anderen Seite aufkleben; die Köpfe zeigen in die andere Richtung.

3 Mit Hilfe des Tellers oder Zirkels ca. 12,5 cm große Kreise aus rosa und weißem Tüll ausschneiden. Hier sind es 18 aus doppelt gelegtem Stoff. Einen Teelöffel Samen in die Mitte der Kreise geben, Netz darüber zusammenraffen und mit Band zu Säckchen binden.

4 Abwechselnd rosa und weiße Beutel zu beiden Seiten der Rose unten am Ring aufkleben. Den fertigen Kranz sorgfältig prüfen. Falls noch Silberdrähte sichtbar oder Lücken vorhanden sind, weitere Blüten aufkleben.

5 Sie können den Kranz während des Empfangs hinter dem Tisch der Braut aufhängen, einen zweiten für die Eingangshalle oder Veranda oder auch als Geschenk für das Brautpaar fertigen, das ihn sich als romantische Erinnerung ins Schlafzimmer hängen kann.

ROSMARINHERZ – ZUM EWIGEN GEDENKEN

Das Herz spricht Bände, wenn Sie es zum Valentinstag Ihrem oder Ihrer Liebsten schenken, und weckt romantische Erinnerungen, wenn Sie es für sich selbst fertigen und über dem Bett oder der Frisierkommode aufhängen.

MATERIAL

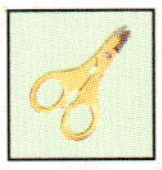

Rolle dicker Draht
Drahtschere
Biegsame Rosmarinzweige
Rolle silberner Blumendraht
Weizenhalme oder Peddigrohr
Schere
Getrocknete Blumen wie Rosenknospen, Frauenmantel und (Sand-) Strohblumen
Satinband, 12 mm breit

1 Obwohl rote Rosen und Rosenknospen traditionsgemäß wahre Liebe symbolisieren, haben wir mit der Tradition gebrochen und der optischen Wirkung wegen auch einige cremefarbige Blüten verwendet.

2 Draht (hier 20 cm lang) drehen und zum Kreis formen; dann oben und unten fassen und zur Herzform biegen. Rosmarin kürzen und zwei oder drei Zweige mit Silberdraht überlappend auf den Rahmen binden.

3 Zwei Weizenhalme/Peddigrohrstücke zusammenlegen; für die oben überstehenden Enden einen weiteren Halm in mehrere kurze Stücke schneiden und auf den beiden langen Halmen befestigen. Gekürzte Rosmarinzweige und Blüten auf die langen Halme binden; die Rosenknospen zeigen dabei nach unten.

4 Band nahe den oberen Halmenden zur Schleife binden, um den ersten Draht zu verdecken. Halm mit Draht oben und unten auf das Herz binden; zum Verdecken kleine Blüten einschieben. Eine einzelne Rose mit Draht an der Seite befestigen.

Pure Nostalgie! Das Herz wirkt auf alter Spitze besonders zart und bezaubernd.

5 Der Rosmarin trocknet allmählich, wenn das Herz an einem warmen, trockenen Platz hängt. Es wird eine bleibende Erinnerung sein.

Ländlicher Kranz

Eine duftige Dekoration für eine Party oder eine Geburtstagsfeier. In den Kranz aus aromatischen Blättern und Blumen, die an einen ländlichen Garten erinnern, sind Duftpotpourri-Beutel eingebunden.

Material

Baumwoll-Karostoff
Schere
Blumen wie Lavendel, Nelken, Kapuzinerkraut, Kornblumen und Storchschnabel
Blätter wie Minze, Salbei, Thymian, Süßdolde, Rosmarin, Heiligenkraut, Majoran und Greiskraut
Rolle silberner Blumendraht
Blumenschere
Trockenes Heu oder Torfmoos
Drahtring (hier 25 cm Durchmesser)
Grüner Bindfaden
Stumpendraht
Drahtschere
Duftpotpourri
Teelöffel
Satinband, 8 mm breit
kariertes Baumwollband, 3 cm breit

1 Aus Karostoff mit Hilfe eines Tellers oder Zirkels ca. 12,5 cm große Kreise ausschneiden. Blumen und Blätter zu gemischten Sträußen zusammenstellen, Stengel mit Silberdraht zusammenbinden und auf gleiche Länge kürzen.

2 Jeweils eine Handvoll Heu oder Moos mit grünem Bindfaden am Drahtring befestigen, so daß er rundum bedeckt ist.

3 Stumpendraht halbieren und zu U-förmigen Krampen biegen. Einen Strauß auf den Ring legen, eine Krampe über die Stiele schieben und durch das Heu stecken; zum Fixieren die Enden auf der Rückseite umbiegen. Sträuße ringsum so positionieren, daß die Blüten die Stiele der zuvor gesteckten bedecken.

4 Einen Löffel Potpourri (siehe Kapitel 4) in die Mitte jedes Karostoff-Kreises geben, die Seiten zusammenraffen und mit dem schmalen Band zum Beutel binden. Hier wurden 12 Säckchen verwendet.

5 Weitere Krampen fertigen und die Beutel in Abständen rund um den Ring befestigen. Den Kranz auf Lücken überprüfen und, falls vorhanden, diese mit kleinen Sträußchen füllen.

6 Karoband zur Schleife mit lang herunterhängenden Enden binden; die Enden zum Versäubern schräg abschneiden. Mit einer Krampe, durch die Rückseite der Schlaufe gezogen, auf dem Kranz feststecken.

TISCHSCHMUCK FÜR EINE SOMMERNACHT

Mit diesem duftenden Tischschmuck fangen Sie den Sommer ein. Noch mehr Pfiff erhält er, wenn Sie die dünnen Wachslichter durch Wunderkerzen ersetzen.

MATERIAL

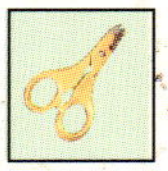

Steckschwamm in Ringform,
in Wasser eingeweicht
(hier 25 cm Durchmesser)
Kräuterblätter wie Storchschnabel
und (buntblättrige) Minze
Blüten wie Mutterkraut,
Ackerfrauenmantel und Nelken
Blumenschere
Kümmeldolden
dünne Wachslichter
oder Wunderkerzen
Schere

1 Sie können Kräuter und Blüten in zart abgestuften Tönen wählen, z. B. limonengrün, gelb und weiß, oder für ein rustikaleres Gesteck Blüten in allen Farben des Regenbogens verwenden.

2 Den Ring zuerst mit einer Schicht Kräuterblätter bedecken, hier einzelne Storchschnabelblätter und kleine Minzezweige, die zart und hell wirken. Kleine Frauenmantelzweige hinzufügen.

3 Das gänseblümchenähnliche Mutterkraut aufstecken; Stiele so kürzen, daß die unteren Blüten eng am Steckring anliegen. In Abständen Kümmeldolden zufügen.

4 Dünne Wachslichter unten etwas kürzen und gruppiert auf eine Seite des Rings stecken. Die Nelken traubenförmig in den Zwischenräumen aufstecken.

5 Eine entzückende Tischdekoration für eine Gartenparty – vor allem, wenn die Kerzen brennen und bei leichter Sommerbrise flackern.

FLORENTINER HUT

Schmücken Sie einen Strohhut mit duftenden Blättern und Blumen, den Sie bei einer ländlichen Hochzeit tragen oder als sommerlichen Wandschmuck fertigen können. Klebeton erhalten Sie in den meisten Blumenläden.

MATERIAL

Strohhut
Bast
Schere
Kräuter wie Majoran und Schnittlauch
Rolle silberner Blumendraht
Blumenschere
Blüten wie Nelken, Jungfer im Grünen (Schwarzkümmel) und Kornblumen
Klebeton

1 Einige Bastfäden um die Hutkrempe wickeln und fest verknoten. Die Enden kurz abschneiden.

2 Den Bast wieder entfernen. Majoran- und Schwarzkümmelstengel sehr kurz schneiden, Schnittlauch etwas länger lassen. Drei oder vier Schnittlauch-, einen Majoran- und einen Schwarzkümmelstengel bündeln und mit Silberdraht an den Bastring binden. Fortfahren, bis der Bast völlig bedeckt ist.

3 Den Bastring über die Hutkrone streifen. Mehrere ca. 25 cm lange Bastfäden um das Band knoten, ähnlich einer »Schleife«.

4 Kleine Tonstücke abbrechen. Die Nelken- und Kornblumenstiele kürzen. Mit Klebeton an beliebiger Stelle auf der Krempe befestigen.

5 Da die Blumen blitzschnell befestigt sind, sollten Sie damit bis zur letzten Minute warten, damit sie möglichst lange im Wasser stehen. Sie werden erst kurz vor dem Ereignis gekürzt und mit dem Ton aufgeklebt.

BLUMENGIRLANDE

Nichts verwandelt ein Möbelstück, einen Alkoven, eine Eingangstür, den offenen Kamin oder das Dekor für eine Party so sehr wie eine Blumengirlande – hier ein zartes Duftpotpourri aus verschiedenen Kräuterblättern und Blüten.

MATERIAL

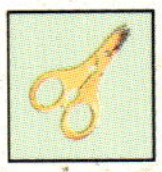

Schnur oder starke Kordel
Steckschwamm, in Wasser eingeweicht
Messer
Grüner Bindfaden
Blüten wie Ackerfrauenmantel, Majoran, Mutterkraut und Heiligenkraut
Blätter wie Lorbeer und Minze
Fencheldolden
Blumenschere
Stumpendraht
Drahtschere
Papierband
Schere

1 Schnur in Breite der zu dekorierenden Fläche abmessen; für die Rundung und herunterhängenden Enden Länge zugeben. Steckschwamm längs halbieren und in ca. 4 cm dicke Stücke schneiden. Stücke an beiden Seiten festhalten, Kordel auflegen und den Bindfaden wie abgebildet herumwickeln. Blöcke im Abstand von ca. 5 cm entlang der Schnur befestigen.

2 Mit dem Aufstecken der Pflanzen beginnen, nehmen Sie zunächst die, von denen Sie die meisten haben oder die nicht so teuer sind. Hier wurde der Schwamm mit gekürzten Frauenmantelzweigen bedeckt; dann folgen Fencheldolden und zum Schluß als Kontrast Lorbeerblätter.

3 Nun die dekorativsten Materialien zufügen – gelbes Heiligen- und gänseblümchenähnliches Mutterkraut, scharlach- und malvenfarbener Majoran und Minze. Die Girlande gegen eine Wand halten und prüfen, ob noch Lücken, Schwamm oder Schnur sichtbar sind. Falls nötig, weitere Kräuterzweige zufügen.

4 Durch die einzelnen Steckblöcke erhält die Girlande eine gefällige Rundung. Stumpendraht halbieren und zu U-förmigen Krampen biegen. Papierband ausrollen, zu Schleifen binden und mittels Krampen an den »Spitzen« der Girlande feststecken. Bandenden schräg abschneiden.

MAGISCHER KREIS

Legen Sie gepreßte Kräuterblätter in allen Grünschattierungen zu einem duftenden Ring, der mit gepreßten Blüten oder einer bunten Mischung getrockneter Gewürze geschmückt wird.

MATERIAL

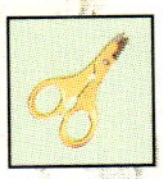

Pappe
Bleistift
Schere
gepreßte Kräuterblätter wie (buntblättrige) Minze, Zitronenmelisse, Schnabelkraut, Ackerfrauenmantel, Salbei, Süßdolde und Rainfarn
Klebstoff
feiner Pinsel
Pinzette
Für den Blumenkranz
gepreßte Blüten wie Kapuzinerkraut, Fingerhut, Nelken und Pelargonien (Geranien)
Für den Gewürzring
getrocknete Kräuter wie rote Chilis, Sternanis, Hagebutte und Zimtrinde

1 Die Auswahl gepreßter Kräuter für den Grundring erfordert genausoviel Sorgfalt wie bei Blättern für ein Gesteck. Wählen Sie verschiedene Farben und Formen, vom scharlachroten Salbei bis zum limonengrünen Ackerfrauenmantel, von den ovalen der Minze bis zu den farnähnlichen der Süßdolde.

2 Mit Hilfe von zwei Tellern oder einem Zirkel einen Kreis aus Pappe ausschneiden (der Außenkreis hat hier 28 cm, der Innenkreis 18 cm Durchmesser). Blätter in verschiedener Form und Farbe so aufkleben, daß die Pappe völlig verdeckt ist.

3 Weitere Blätter als Kontrast darüber kleben. Hier wurden Frauenmantel- und Süßdoldenzweige verwendet, die den Blattring gut zur Geltung bringen.

Der grüne Blätterring ist mit bunten getrockneten Gewürzen geschmückt, die willkürlich arrangiert werden können. Hier wurden rote Chili, Sternanishülsen und -samen, Zimtrinde und Hagebutten verwendet.

4 Den Ring mit den schönsten gepreßten Blumen aus Ihrer Sammlung schmücken. Hier wurde blaßblauer Storchschnabel gewählt, der den grünen, über den Ring ragenden Zackenrand betont, purpurfarbener Fingerhut, rosa- und cremefarbene Nelken und hellrosa Pelargonien.

5 Sie können den Blumen- oder Gewürzring wie abgebildet auf Holz mit hochkantigem Rahmen ziehen oder als Dekoration auf den Kaffeetisch stellen.

KAPITEL 3

Duftkugeln und Gewürzbäumchen

Duftkugeln sind praktisch und dekorativ zugleich. Im Mittelalter gehörten sie, genau wie Duftsträußchen (die in England den hübschen Namen »Tussie-Mussies« trugen) zur Garderobe, um Wohlgeruch zu verbreiten und Infektionskrankheiten abzuwehren.

Frauen und Männer von Adel trugen perforierte Kugeln aus reinem Gold, die mit einer aromatischen und antiseptischen Mischung aus getrockneten Kräutern und Gewürzen gefüllt waren – mit anderen Worten, einem medizinischen Potpourri. Angehörige der niederen Stände besaßen Duftkugeln aus Silber und weniger kostbaren Metallen, und das gemeine Volk spickte Orangen mit Gewürznelken. Letztere sind auch heute noch beliebt, wenn auch nicht zum gleichen Zweck.

BLUMENKUGEL

Diese bezaubernde Dekoration mit den silbergrünen Blättern und zartrosa Blüten ist für eine Hochzeit, Taufe oder einen Geburtstag ideal.

MATERIAL

1/2 Stumpendraht
Steckschwamm in Kugelform, in Wasser eingeweicht (hier mit 7,5 cm Durchmesser)
Schnur
Kräuter und Blätter wie Eberraute, Majoran, Salbei, Minze und Rosmarin
Blüten wie Rosen, Nelken, Platterbsen, Zierwicken und Mutterkraut
Blumenschere
Satinband, 12 mm breit
Schere

1 Die silbergrauen Eberrautenblätter mit ihrem kräftigen Aroma werden für die Formgebung der Kräuter- und Blumenkugel verwendet. Die anderen duftenden Blätter mit ausgeprägteren Konturen dienen als Kontrast und zum Füllen der Zwischenräume.

2 Stumpendraht zur U-förmigen Krampe biegen und in die Kugel stecken. Ein Stück Schnur durch die Krampe fädeln, um die Kugel während des Arbeitens aufzuhängen. Kräuterstengel auf etwa gleiche Länge kürzen; die Blumenstiele sollten ein wenig kürzer sein. Die Kräuter durch Drehen der Kugel in gleichmäßigen Abständen in den Schwamm stecken.

3 Die Blumenstiele gleichmäßig verteilt einstecken; dabei zwischen den vollen, runden Formen der Rosen und Nelken und den zarten der Platterbsen und Zierwicken abwechseln. Schnur entfernen und die Kugel am Satinband aufhängen.

KRÄUTERKUGEL

Ob Sie Ihrer Küche ein erfrischendes Aroma geben, Insekten in Schach halten oder Ihre Küchenkräuter dekorativ lagern wollen – diese traditionelle Kräuterkugel ist stets ein Blickfang.

1 Damit die Dekoration lange hält, sollten Sie immergrüne Kräuter – z. B. Lorbeer, Rosmarin, Salbei und Scharlachsalbei – und Gewürzpflanzen-Blüten wie Kümmel, Fenchel und Dill verwenden.

2 Stumpendraht zur U-förmigen Krampe biegen und in den Schwamm stecken. Kugel während des Arbeitens an einem Stück Schnur aufhängen. Stiele auf etwa gleiche Länge kürzen – eine völlig runde Form sähe gekünstelt aus. Das Design, abwechselnd aus den verschiedenen Kräutern, rundum aufbauen.

MATERIAL

1/2 Stumpendraht
Steckschwamm in Kugelform, in Wasser eingeweicht (hier mit 7,5 cm Durchmesser)
Schnur
Kräuter wie Rosmarin, Lorbeer, Salbei, Scharlachsalbei, Minze, Majoran und Thymian
Kümmeldolden
Blumenschere
Satinband, 12 mm breit
Schere

3 Die Kümmeldolden, die den Blickfang bilden, mehr oder weniger gleichmäßig rundum in die Kugel stecken. Die Schnur entfernen, die Kugel am Satinband aufhängen und oben eine Schleife binden.

DUFTKUGELN

Duftkugeln, mit Gewürznelken gespickte Orangen, sind ein aromatisches Vermächtnis des Mittelalters. Sie können mit Schmuckband, Kordel oder Bast umwickelt, ohne Verzierung in eine Schale mit Lavendel-Blumenblättern gelegt oder in den Kleiderschrank gehängt werden.

1 Entwerfen Sie mehrere Gewürzkugeln, die einzeln oder zusammen arrangiert werden. Sie können eine Orange rundum, aber auch nur bestimmte Abschnitte oder Streifen spicken, die ein geometrisches oder ein anderes, beliebiges Muster bilden.

2 Leinenband mit Stecknadeln rund um die Orange befestigen, um sie in vier Abschnitte zu unterteilen. Jeden Abschnitt einzeln bearbeiten und die Gewürznelken so dicht wie möglich nebeneinander stecken, bis der Bereich bedeckt ist. Das ist leichter, wenn Sie die Löcher mit der Stopfnadel vorbohren. Orange in eine Papiertüte mit ca. 2 TL gemahlenem Zimt geben, gut schütteln, an einem warmen Platz verwahren, z. B. im Geschirrschrank, und zwei bis drei Wochen trocknen lassen. Die Schnur gegen Schmuckband austauschen.

3 Vielfalt ist die Würze des Lebens! Eine Duftkugel wurde mit lila Satinband umwickelt, zur Schleife gebunden und mit Sternanis geschmückt; die zweite erhält durch eine dicke, glänzende Schnur und die dritte durch einen festgesteckten Bastzopf den letzten Schliff.

MATERIAL

Leinen- oder Klebeband, 12 mm breit
Dünnschalige Orange
Stecknadeln
Schere
Stopfnadel
Ganze Gewürznelken
Gemahlener Zimt (nach Wunsch)
Schmuckband, Kordel oder schmaler Bastzopf als Schmuck
Sternanis
Durchsichtiger Schnellkleber

SÜSS UND WÜRZIG

Der süße Duft von Lavendel, das kräftige Aroma der Eberraute und grünglänzende Chilis wurden hier zu einem originellen Bäumchen zusammengestellt. Klebeton und Plastikdorn gibt es in vielen Blumenläden zu kaufen.

MATERIAL

Kuchenplatte mit Fuß oder ähnlichen Untersatz
Klebeton, extrastark (im Blumengeschäft erhältlich)
Plastikdorn
Steckschwamm in Kegelform (hier 23 cm hoch)
Getrocknete Blüten wie Heiligenkraut, Goldrute und Gartenraute
Getrocknete Kräuterblätter wie Heiligenkraut, Eberraute und Rosmarin
Blumenschere
Kümmeldolden
Grüne Chilis
Stumpendraht
Drahtschere

1 Der konisch geformte Baum ist eine Studie in Struktur- und Farbkontrasten, wobei die glänzenden Chilis und matten Heiligenkrautblätter an entgegengesetzten Enden der Skala angesiedelt sind. Sie können statt der Chilis zum Akzentuieren auch Kumquats oder Pekannüsse nehmen.

2 Standfläche gut abtrocknen, kleines Tonstück auf die Basis des Plastikdorns kleben und den Dorn in der Mitte der Kuchenplatte befestigen. Den Kegel zum Fixieren auf den Dorn pressen.

3 Pflanzenmaterial auf verschiedene Länge kürzen, so daß beim Arrangieren eine konische Form entsteht. Die Stengel in den Kegel stecken, wobei die längsten unteren knapp über den Rand der Platte ragen.

4 Bäumchen mit Kräutern und Blättern füllen, so daß verschiedene Formen und Farben gleichmäßig verteilt sind. Halben Stumpendraht durch jede Chili drücken, zur U-förmigen Krampe biegen und in den Kegel stecken. Die Dekoration drehen und darauf achten, daß sie rundum gleichmäßig ist.

5 Sie können das Bäumchen als lange haltbaren, duftenden Blickfang auf den Eß- oder einen Beistelltisch stellen.

GOLDENER BLÜTENBAUM

Bei der Gestaltung Ihres eigenen Bäumchen können Sie Ihrer Phantasie freien Lauf lassen – es läßt sich auf Ihr Mobiliar abstimmen, kann eine Erinnerung an einen besonderen Tag oder Augenblick sein und einen Hauch Sonne und Farbe ins Zimmer bringen. Modellierton ist in Bastelläden und Kaufhäusern erhältlich.

MATERIAL

Modellier- oder Klebeton (Blumenladen)
Ast oder Stock (hier 30 cm lang)
Blumentopf mit Unterteller (hier mit 12,5 cm Durchmesser)
Steckschwamm in Kugelform (hier mit 7,5 cm Durchmesser), in Wasser eingeweicht
Blüten wie Boretsch, Ackerfrauenmantel, Goldrute und Eberraute
Blätter wie (buntblättrige) Minze
Blumenschere
Duftpotpourri in harmonierenden Farben
Rips- und Satinband, 12 mm breit

1 Sie können, für ein rustikales Design, den Tontopf unbemalt lassen oder ihn anmalen, hier in Blau mit hellgrünen Tupfern (z. B. mit der Zahnbürste aufspritzen) – Farben, die sich in den Boretschzweigen wiederholen. Das Bodenloch mit Klebeband verschließen.

2 Modellierton zur Kugel formen, Ast hineinstecken und den Klebeton auf den Topfboden pressen. Wenn nötig, mehr Ton als abgebildet benutzen, um ihn in Position zu halten.

3 Steckkugel fest auf das obere Astende drücken. Frauenmantelzweige kürzen und als Grundschicht rund um die Kugel stecken.

4 Leuchtendgelbe Eberrautenblüten und buntblättrige Minze rund um die Kugel stecken; dann in Abständen als Farbakzente blaue Boretschblüten zufügen. Zu stark wegstehende Enden zurückschneiden.

5 Blumentopf mit Duftpotpourri (siehe Kapitel 4) füllen. Bänder um den Ast knapp unterhalb der Kugel wickeln; die Enden zum Versäubern schräg abschneiden. Das Bäumchen jeden Tag mit Wasser besprühen, um die Blumen so lange wie möglich frisch zu halten.

ROSENKNOSPEN-KUGEL

Unsere Rosenknospen-Kugel, eine Spielart der traditionellen Gewürzkugel aus nelkengespickten Orangen, weist mehr als einen Hauch Romantik auf.

1 Wählen Sie die kleinsten und vollsten Blüten, die Sie finden können. Pinkfarbene und rote Rosen haben einen romantischen Touch, gelbe oder cremefarbene sehen jedoch genauso bezaubernd aus.

2 Kugel mit Gewürznelken spicken, nach Muster oder beliebig; sie sind nicht sichtbar, geben dem fertigen Design aber sein typisches Aroma. Rosenstiele auf gleiche Länge kürzen und nebeneinander in die Kugel stecken, bis sie vollständig bedeckt ist. Lücken, die durch Form und Dichte der getrockneten Rosenknospen entstehen können, mit Gewürznelken füllen.

MATERIAL

Getrocknete, pinkfarbene Rosenknospen
Steckschwamm in Kugelform (hier mit 7,5 cm Durchmesser)
Ganze Gewürznelken
Blumenschere
Papierband
Schere
Stecknadeln

3 Papierschleife binden und mit Stecknadeln befestigen. Sie können die Gewürzkugel in eine Schale mit Potpourri oder einen Korb mit Lavendel legen oder auch neben dem Frisiertisch aufhängen.

KAPITEL 4

Duftpotpourri

Potpourris, eine aromatische Mischung aus Blüten und Blütenblättern, Blättern und Gewürzen, wurden ursprünglich als Duftspender verwendet, als die Häuser noch feucht und moderig waren. Wohlhabende adelige Familien in Europa hatten dafür eigens eine Bedienstete, die für die Haltbarmachung der Pflanzen zuständig war und sie in Gewürzkugeln, Schalen und Säckchen füllte, um Räumen, Leinen und Garderobe Duft zu verleihen.

TROCKENPOTPOURRI

Nehmen Sie eine Handvoll getrocknete Rosenblütenblätter und Lavendel, Lorbeerblätter und Rosmarin, fügen Sie eine Prise Gewürze und ein paar Tropfen Rosenöl hinzu, und schon haben Sie ein romantisches, zart duftendes Potpourri. Es ist genauso leicht herzustellen, wie es klingt.

1 Sie können die Komponenten und Mengen nach Belieben variieren oder andere verfügbare Materialien benutzen. Nur das Veilchenwurzel-Pulver spielt als Fixiermittel eine praktische, unverzichtbare Rolle.

2 Trockene Zutaten mit dem Löffel oder den Fingern in einer Schale mischen. Einige Tropfen ätherisches Öl zufügen – Rosenöl hat einen süßlichen, Orangenöl einen frischen und Lavendelöl einen nostalgischen Duft. Mischung in ein verschließbares Behältnis umfüllen, 6 Wochen außerhalb direkte Lichteinstrahlung aufbewahren und täglich umrühren oder schütteln.

MATERIAL

2 Tassen getrocknete Rosenblütenblätter
1 Tasse getrockneter Lavendel
1 Tasse getrockneter Rosmarin
Einige Loorbeerblätter, zerkrümelt
2 TL geriebene Muskatnuß
1 EL gemahlener Zimt
2 EL Veilchenwurzel-Pulver
3–4 Tropfen Rosenöl
Getrocknete Rosenknospen als Verzierung

3 Wenn sich alle Düfte vermischt und die Gewürze ihre »Schärfe« verloren haben, können Sie das Potpourri in Ihre schönste Porzellan-, Glas- oder Silberschale, in Muscheln, Glasgefäße oder Körbe füllen.

»FEUCHTES« POTPOURRI

Die »feuchte« Konservierungsmethode, bei der Salz den frischen Blättern und Blütenblättern die Feuchtigkeit entzieht, ist die traditionelle, von der die aromatische Mischung ihren Namen hat.

MATERIAL

2 Tassen frische, pinkfarbene Rosen-Blütenblätter
1 Tasse frische, gelbe Rosen-Blütenblätter
1 Tasse frische Pfingstrosen-Blütenblätter
1 Tasse frische Rittersspornblüten
1 Tasse frische Ringelblumen-Blütenblätter
1 Tasse frische Zitronenkrautblätter
3 Tassen Kochsalz
1/4 Tasse gemahlener Piment
1/4 Tasse Veilchenwurzel-Pulver
3 Tropfen Rosen- und Zitronenöl

1 Dieses farbenprächtige Duftpotpourri kann ganz nach Belieben gestaltet werden. Sie können Blumen und Blätter nach Jahreszeit oder Wahl dafür verwenden. Thymian, Minze, Majoran und Basilikum geben der Mischung ein ganz ureigenes Aroma.

2 Ingredienzien mischen. Eine Lage des frischen Materials in ein Behältnis mit Deckel füllen, darauf eine Salzschicht, weitere Blumen usw. geben, bis das Salz verbraucht ist. Deckel schließen und 2 Wochen beiseite stellen, bis Salz und Pflanzen einen Block gebildet haben. In einer Schüssel auseinanderbrechen, Gewürze und ätherische Öle unterrühren und weitere 6 Wochen im geschlossenen Behältnis aufbewahren. Dabei täglich umrühren.

3 Das nun trockene, zart duftende Potpourri in Ihr Lieblingsbehältnis füllen. Wir haben Glas gewählt, das Blüten und Kräuter in ihrer ganzen bunten Pracht zeigt. Noch spektakulärer ist die Wirkung, wenn Sie zwei oder mehr Potpourris mit unterschiedlichen, kontrastierenden Farben in ein Glas schichten.

AUSGEWOGENE DUFTKOMPOSITION

Der bunte Strauß aus getrockneten Kräuterblättern und Blüten wurde über geschichtetem Lavendel und Duftpotpourri arrangiert. Diese Idee läßt sich auch zum Verschönern von durchsichtigen Behältnissen aller Formen und Größen verwenden.

MATERIAL

Steckschwamm, nicht gewässert
Messer
Durchsichtiges Behältnis (mit 20 cm Durchmesser)
Klebeton (Blumenladen)
Plastikdorn
Getrocknete Lavendelblüten
Potpourri
Löffel
Getrocknete Blüten wie Ackerfrauenmantel, Majoran, Kornblumen, Storchschnabel, Lavendel, Rosen, Rosenknospen und Pfingstrosen
Getrocknete Blätter wie Salbei und Minze
Blumenschere

1 Das Design wird auf einem trockenen Steckschwamm aufgebaut, der dem Behältnis angepaßt und mit Lavendel und Potpourri umgeben ist. Für ein schmales Glasgefäß wird ein zylindrisches Stück zugeschnitten, in ein großes viereckiges paßt oft der ganze Block hinein. Wir haben einen Block aufrecht hingestellt und die Ecken beschnitten.

2 Schwamm entsprechend dem Behältnis zuschneiden; dabei rundum eine ca. 12 mm breite Lücke lassen. Er sollte ca. 2,5 cm über den oberen Gefäßrand hinausragen. Plastikdorn mit Klebeton in der Mitte des Behältnisses befestigen und den Schwamm auf den Dorn pressen. Lavendel mit dem Löffel rund um den Schwamm einfüllen; Gefäß schütteln, um ihn gleichmäßig zu verteilen. Nun Potpourri und dann bis zum Rand Lavendel einschichten.

3 Konturen des Arrangements mit Frauenmantel aufbauen; einige Zweige so stecken, daß sie nach unten über den Gefäßrand hängen. Sechs oder sieben Lavendelstiele in Gruppen anordnen, damit sie fülliger wirken.

4 Kontrastierende Blüten zwischen die lockeren Konturen von Frauenmantel und Lavendel stecken; vereinzelte Rosenknospen weiter hinter, ein Bündel nahe der Mitte und eine große Rose – im Mikrowellenherd getrocknet (siehe Kapitel 1) – an einer Seite zufügen.

5 Strauß mit getrockneten Blättern und gruppierten kleinen Blüten auffüllen, um Fülle zu erzielen. Eine Blume, z. B. Rose oder Pfingstrose, als Blickfang nahe dem Gefäßrand positionieren.

BLUMENHERZ

Diese bezaubernde Tischdekoration besteht aus einem gepreßten, pinkfarbenen Duftpotpourri, verziert mit einer ganzen Rose und gedrehtem Papierband.

MATERIAL

Bleistift
Papier
Schere
Steckschwamm, nicht gewässert
Durchsichtiger Schnellkleber
oder Klebepistole
Potpourri (für unser Design,
das 23 cm lang war, ca. 150 g)
Schmuckband aus Papier
Stecknadel
Getrocknete Rose

1 Papier in der Größe 20 × 23 cm zuschneiden. Längs zur Hälfte zusammenfalten, Herzform aufmalen und ausschneiden. Kleineres Herz (Mittelachse 10 cm lang) in die Mitte malen und ausschneiden.

2 Mit dem Messer den Steckschwamm halbieren; die Stücke an den Längsseiten zusammenkleben. Innere und äußere Herzkonturen nachzeichnen und aus dem Steckschwamm ausschneiden.

3 In kleinen Bereichen die Herzoberfläche und Seiten mit Kleber bedecken und Potpourri aufpressen. Bei Benutzung einer Klebepistole den heißen Klebstoff einige Sekunden abkühlen lassen. Steckschwamm vollständig mit Potpourri bedecken; Lücken mit Blütenblättern oder winzigen Blumen füllen.

4 Gedrehtes Band zur Schleife binden und mit der Stecknadel auf dem Herz befestigen. Die Rose in die Mitte kleben.

5 Das Herz wird seinen Duft mehrere Wochen bewahren. Wenn das Aroma langsam schwindet, mit ein paar Tropfen ätherischem Öl – wie Rosen- oder Orangenöl – benetzen. Sobald die Farben verblassen, einige neue, kräftig getönte Blütenblätter und Blüten aufkleben.

KAPITEL 5

Buketts und Sträußchen

Blumen, zu einfachen Sträußen oder kunstvollen Buketts gebunden, wurden schon immer bei Festlichkeiten getragen oder als Zeichen der Zuneigung, Wertschätzung und Dankbarkeit verschenkt. Ungeachtet der Stimmung und des Anlasses, können sie eine wichtige Rolle spielen. Kräutersträuße, in England »Tussie-Mussies« genannt, gehörten früher als Duftspender zur Garderobe und werden noch heute in Großbritannien von Mitgliedern des Richterstandes bei feierlichen Umzügen getragen.

Sie können alle Kräuter und Gewürzpflanzen für ein solches »Riechsträußchen« verwenden. Lavendel wurde oft in Bündeln aufgehängt, sowohl aus olfaktorischen als auch optischen Gründen. Um Wäsche und Kleidung in Schränken frischen Duft zu verleihen, fertigte man »Lavendelflaschen« – eine ungerade Anzahl von Halmen wurde mit Band umwoben, das die Blütenköpfe einschloß. Eine Spielart dieser Technik finden Sie in diesem Kapitel.

FARBAKZENTE

Bunte, in der Mikrowelle getrocknete Blumen wurden hier mit Lavendel und Ackerfrauenmantel zu einem duftenden Bukett kombiniert, das in jeden Raum und zu jeder Gelegenheit paßt.

MATERIAL

Getrocknete Blüten
wie Rosenknospen, Nelken
in Gelb und Rosa, Kornblumen,
Lavendel, Ackerfrauenmantel
und Majoran
Getrocknete Blätter
wie Rosmarin und Salbei
Stumpendraht
Drahtschere
Guttapercha-Band
Blumenschere
Rolle silberner Blumendraht
Satinband, 12 mm breit
Schere

1 Sie können die Farben der Blüten ganz nach Belieben wählen. Ein Bukett in Purpur, Creme und Blau wirkt sehr raffiniert, während eine Komposition in kräftigem Rosa, Hellblau und Malve einen Hauch Nostalgie ausstrahlt.

2 In der Mikrowelle getrocknete Blumen mit kurzem Stengel müssen auf einen Stielersatz montiert werden. Bei Nelken beispielsweise den Stumpendraht quer durch den Kelch bohren, die beiden Enden nach unten biegen und umeinanderdrehen. Die falschen Stengel mit Guttapercha-Band umwickeln.

3 Das längste Material – den Lavendel – flach auf der Arbeitsfläche ausbreiten. Blumen und Blätterzweige obenauf so arrangieren, daß die Höhe der Blütenköpfe abgestuft ist. Stengel kürzen und mit Silberdraht zusammenbinden.

4 Den Strauß mit dem duftigsten Material – Frauenmantel und Rosmarin – an den Seiten fächerförmig auflockern. Stiele mit Silberdraht zusammenbinden, die Enden kürzen und das Satinband zur Schleife binden.

BRAUTJUNGFERN-STRÄUSSCHEN

In den Mittelmeerländern gibt es seit alters her den Brauch, Braut- und Feststräuße auf Stöcke zu binden, die mit Bändern geschmückt sind. Diese Spielart könnte von einer kleinen Brautjungfer oder einem »Pagen« bei einer Hochzeit getragen werden.

MATERIAL

Bambusstock, ca. 60 cm lang
Weißes Satinband, 2,5 cm breit
Schere
Kräuter mit silbergrauen Blättern wie Salbei, Süßdolde, Eberraute, Greiskraut und Lavendel
Blüten wie Rosen, Platterbsen, Zierwicken, Jungfer im Grünen (Schwarzkümmel), Nelken, Kornblumen
Blumenschere
Rolle silberner Blumendraht
2 Spitzendeckchen aus Papier
Klebeband
Schmuckband in einer Kontrastfarbe, 2,5 cm breit

1 Silberblättrige Kräuter wirken besonders reizvoll, wenn sie mit pastellfarbenen Blumen in Rosa und Hellblau kombiniert werden. Die buntblättrigen – z. B. Apfelminze, Thymian und Majoran – kommen gut mit gelbgrünen, gelben und orangefarbenen Blumen zur Geltung.

2 Stock mit weißem Satinband umwickeln. Den Strauß mit einer Rose in der Mitte beginnen; Salbei und Eberraute im Kreis rundum zufügen. Sie können die ersten Stengel zum Fixieren mit Silberdraht zusammenbinden.

3 Weitere Blumen um die Mitte arrangieren; dabei die verschiedenen Formen und Farben gleichmäßig verteilen und zarte aromatische Kräuterzweige einfügen, um die Wirkung aufzulockern. Stengel mit Silberdraht umwickeln und die Enden kürzen.

4 Ein Loch in die Mitte der Deckchen schneiden; über den Stock und die Stengel schieben. Deckchen mit Klebeband befestigen.

5 Eine hellblaue Schleife mit lang herunterhängenden Enden – hier mit eingewobenem Schachbrettmuster – geben dem Brautjungfern-Strauß den letzten Schliff. Die Blumen mit kaltem Wasser besprühen und bis kurz vor dem Ereignis an einem kühlen Ort aufbewahren.

LAVENDELFLASCHE

Diese ebenso schöne wie praktische traditionelle Dekoration ist ein Duftspender für Leinen und Wäsche. Sie kann auch in den Kleiderschrank gehängt oder in einem Korb mit alter Spitze arrangiert werden.

MATERIAL

Bündel Lavendel, frisch
Blumenschere
Satinband, 12 mm breit
Schere

1 Lavendelflaschen haben Tradition, Aroma und Nutzen, aber wenig Farbeffekt. Wählen Sie die Satinbänder deshalb in Farben, die auf Ihre Einrichtung abgestimmt sind, oder kräftige Töne, die gruppiert den Blick auf sich ziehen.

2 Bündeln Sie eine ungerade Zahl frischer, biegsamer Lavendelhalme (hier wurden 11 verwendet). Satinband knapp unterhalb der Blütenköpfe um die Halme wickeln, verknoten und ein Ende abschneiden. Das andere Ende herunterhängen lassen.

3 Nun die Halme unterhalb des Knotens vorsichtig zurückbiegen, so daß sie die Blütenköpfe umschließen. Das lange Bandende zur Außenseite durchziehen.

4 Das Band rundum einweben: über einen Halm legen, unter dem nächsten durchziehen usw., beliebig weit nach unten. Das Band fest verknoten und überschüssiges Ende abschneiden. Den Knoten mit einer Schleife verdecken und die Bandenden schräg abschneiden. Die Halme auf gleiche Länge kürzen.

5 Die Lavendelhalme im Schmuckband-Futteral können nicht auseinanderfallen und sehen zwischen Leinen oder Spitze immer ordentlich aus.

KRÄUTER- UND GEWÜRZSTRAUSS

Kräuter und Gewürze spielen in der Küche eine Doppelrolle: Sie sind sowohl dekorativ als auch nützlich, ein Genuß für Auge und Gaumen. Der mit Bast gebundene Strauß ist der beste Beweis.

MATERIAL

Knoblauch, rote und grüne Chilis,
Zimtstangen, frischer Ingwer
Stumpendraht
Drahtschere
lang haltende Kräuter wie Lorbeer,
Rosmarin und Scharlachkraut
Blumenschere
Rolle silberner Blumendraht
Bast

1 Noch vor dem Binden enthüllen die Komponenten ihr dekoratives Potential. Zwischen Knoblauch und Chilis, den glänzenden Lorbeerblättern und der matten Oberfläche des Scharlachkrauts besteht ein starker Kontrast.

2 Stumpendraht durch eine Ecke eines frischen Ingwerstücks bohren; die Enden zum Sichern zurückbiegen.

3 Drei Chilis im Farbwechsel auf Stumpendraht fädeln, so daß sie in verschiedene Richtungen zeigen. Drahtenden zur Öse biegen, mit der die Chilis gleichzeitig gesichert werden.

4 Strauß in einer Hand arrangieren: Zwei oder drei Lorbeerblattstengel zusammennehmen, dann kontrastierende Kräuterzweige zufügen. Den Stumpendraht, der die Gewürze sichert, zwischen die Stengel stecken, so daß er verdeckt ist. Das Bündel fest mit Silberdraht zusammenbinden.

5 Sie können den Strauß mit mehreren Bastfäden umwickeln oder am geflochtenen Bastzopf aufhängen. In einem Alkoven, vor einem Spiegel, im Fenster oder an der Wand wirkt er besonders dekorativ.

TUSSIE-MUSSIE

In England trug man im Mittelalter und auch später noch Duftsträußchen aus aromatischen Blättern und Blumen, die Tussie-Mussies hießen. Heute werden sie nicht nur wegen ihres Dufts, sondern gleichermaßen ihrer visuellen Reize wegen geschätzt.

MATERIAL

Blätter wie Zitronenmelisse, Zitronen-(Orangen-)Minze und Süßdolde
Blüten wie Rosen, Mutterkraut, Platterbsen, Margeriten und Ackerfrauenmantel
Blumenschere
Rolle silberner Blumendraht
Netzband, 4 cm breit
Schere

1 Wenn Sie einen Garten haben, können Sie das Pflanzenmaterial für das Duftsträußchen nach eigener Vorstellung zusammenstellen. Stellen Sie alle Blumen und Blätterzweige sofort und solange ins Wasser, bis sie gebunden werden.

2 Für ein kaskadenähnliches Gebinde die längsten Stiele flach auf der Arbeitsfläche ausbreiten. Melisse und Minze umrahmen und schützen die Blüten. Die Blüten so über den Blättern arrangieren, daß die Stiellänge abgestuft ist. Wenn Sie die Hälfte beisammen haben, die Stiele zum Fixieren mit Silberdraht umwickeln.

3 Einige leichte Materialien – hier Süßdoldenblätter und Frauenmantelblüten – an den Seiten dazunehmen. Als Blickfang eine Rose nahe dem »Griff« plazieren. Stiele mit Draht umwickeln, dann das Schmuckband darüber zur Schleife binden.

KAPITEL 6

Körbe und Kräutergeschenke

Duftkörbe – mit dichten Lavendelreihen, mit getrockneten, eingeflochtenen Thymianzweigen in voller Blüte, mit Heu, Majoranblüten und Frauenmantel umkleidet, mit Zimtstangen wie ein urwüchsiges Blockhaus geschmückt – haben eine lange Tradition. Sie wurzelt in dem Wissen um ländliche Gebräuche rund um die Welt, die von modernen Kunsthandwerkern und Designern wiederentdeckt wurden.
Die Technik ist einfach und das Material in jedem Haushalt vorhanden. Wenn Sie im Garten Thymian ziehen, der holzig zu werden droht – was unvermeidlich ist –, dann sind die trockenen Rückschnitte ideal zum Einflechten in einen Korb. Sie werden nur gebündelt, wegstehende Enden abgeschnitten und wie ein duftendes Band in das Korbgeflecht eingewoben.

LAVENDEL DE LUXE

Die üppige ländliche Pracht und der Duft des frischen Lavendels machen aus einem einfachen Korb ein Luxusgeschenk. Ein Sträußchen getrockneter Blumen macht die Freude an diesem Korb unvergänglich.

MATERIAL

Lavendel, frisch oder getrocknet
Korb
Blumenschere
Klebepistole
Getrocknete Blumen wie Rosenknospen, Kornblumen, Thymian und Frauenmantel
Rolle silberner Blumendraht
Satinband, 12 mm breit
(für das Sträußchen Satinband, 12 mm breit, in 2 weiteren Farben)

1 Wählen Sie Bänder, die den Farbton des Lavendels hervorheben, z. B. blau und lila. Wir haben leuchtendgrünes Band hinzugefügt, passend zu den karierten Glashäubchen.

2 Lavendelhalme bündeln; einige nach unten ziehen, so daß die Blütenköpfe auf verschiedener Höhe liegen. Korbtiefe abmessen und Halme entsprechend kürzen. Kleber aus der Pistole abschnittweise auftragen, kurz abkühlen lassen und den Lavendel aufpressen. Fortfahren, bis der Korb ringsum bedeckt ist. Halme an der Basis auf gleiche Länge schneiden und das Band um die Mitte zur Schleife binden.

3 Aus den getrockneten Blumen und Lavendel ein Sträußchen binden. Stiele mit Silberdraht umwickeln und Strauß am Henkel befestigen. Mit Bändern in drei verschiedenen Farben schmücken. Unser Geschenkkorb wurde mit Käse, pikantem Teegebäck, kleinen Gläsern mit frischem Ingwer, in Scheiben geschnitten und in Sherry eingelegt, und Knoblauchzehen in Olivenöl gefüllt.

THYMIAN-KORB

Ein schlichter, durchbrochener Korb erhält mit einer Handvoll Thymianstengel ein völlig neues Gesicht – und Duft obendrein. Heben Sie abgeschnittene Zweige aus dem Garten auf; sie sind ideal für diese einfache Verwandlung.

MATERIAL

Korb mit weiträumigen, senkrechten Leisten
Einige Handvoll Thymianstengel
Blumenschere
Heu oder Torfmoos
Getrocknete Lorbeerblätter
Getrocknete rote Chili
Rolle silberner Blumendraht

1 Thymian duftet am stärksten, wenn die Blüten voll geöffnet sind und zu trocknen beginnen. Wenn möglich, die Stengel jetzt schneiden, so daß sie noch weich sind und eingeflochten werden können, ohne zu brechen.

2 Acht bis zehn Thymianstengel bündeln; holzige Stiele und Wurzeln wegschneiden. Abwechselnd über und unter der senkrechten Leiste einflechten; neue Bündel dazunehmen, bis der Korb ganz bedeckt ist. Wegstehende Enden abschneiden.

3 Korb mit Heu oder Moos auskleiden; am oberen Rand vereinzelt getrocknete Lorbeerblätter arrangieren. Chilis auf Silberdraht auffädeln, Drahtenden umeinanderdrehen und um den Henkel wickeln.

4 Der Korb ist ein dekoratives Küchenbehältnis zum Aufbewahren von Eiern und geradezu ideal, um Geschenke darin zu verstauen. Wir haben ihn mit Rosmarinessig, Apfel-Schnabelkraut- und Birnen-Salbei-Marmelade, eingelegten Chilis und Kapern, Knoblauchzwiebeln, roten Chili-Bündeln und Zimtstangen gefüllt.

LÄNDLICHER KORB

Sie können ein altes Körbchen, das Sie wegwerfen wollten, weil es ausgedient hat oder nicht mehr zur Einrichtung paßt, oder ein auf dem Flohmarkt billig erstandenes verwenden und ihm ein völlig neues Aussehen geben.

MATERIAL

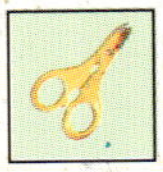

Getrocknete Kräuter wie Majoran
und Ackerfrauenmantel
Heu oder Torfmoos
Blumenschere
Korb
Klebepistole
Papierband
Halber Stumpendraht
Schere
Frische Kräuter und Blumen
wie Ringelblumen, Kornblumen,
Rittersporn, Minze und Majoran
Bast

1 Sie können getrocknete Kräuter aus Ihrer Sammlung für die Duftmischung nehmen. Wählen Sie farblich abgestimmtes Schmuckband zum Bedecken der Kräuter und Gewürzgläser und für die Dekoration des Henkels.

2 Blätter von den Stengeln zupfen; Majoran- und Frauenmantelblüten abschneiden. Vorsichtig mit dem Heu oder Moos mischen, ohne die Kräuter zu zerkrümeln.

3 Korbseiten abschnittweise mit Klebstoff bedecken, kurz abkühlen lassen und eine Handvoll Heu-Kräuter-Mischung aufpressen. Sie sollte so gründlich durchgemischt und ineinander verhakt sein, daß sie haftet.

4 Ein Stück Papierband abschneiden und zur Hälfte auseinanderrollen. Zur Schleife binden und mit dem halben Stumpendraht, durch die rückwärtige Schlaufe gezogen, am Henkel befestigen. Das unaufgerollte Ende zum Versäubern schräg abschneiden.

5 Frische Kräuter und Blumen zum Strauß binden, Stengel mit Bast umwickeln und die Enden kürzen. Den Korb mit den Lieblingskräutern und Gewürzen des Empfängers füllen. Wir haben Zimtplätzchen, Kümmelstangen, verschiedene Kräuteressig-Sorten und getrocknete Gewürze in winzigen Gläsern gewählt.

BLOCKHAUS-KORB

Eine urwüchsige Idee – hier wird ein schlichtes Körbchen mit Zimtstangen-Balken versehen und bis zum Rand mit frischen, bunten Chilis gefüllt.

MATERIAL

Material
Korb mit geraden Seiten
Zimtstangen
Blumenschere
Klebepistole
Bastzopf
Frische Chilis
Schmuckband, 4 cm breit
Schere

1 Dieses wenig attraktive Körbchen verstaubte im hintersten Winkel des Küchenschranks, bevor es eine Spezialbehandlung erhielt.

2 Korbtiefe ausmessen und Zimtstangen entsprechend zuschneiden; die Reste können zum Kochen verwendet werden. Bruchstellen sind später unter dem Bastband verborgen. Klebstoff-Streifen vom oberen zum unteren Korbrand spritzen; kurz abkühlen lassen, dann eine Zimtstange aufpressen. Fortfahren, bis der Korb völlig bedeckt ist. Einige Klebstoff-Tupfer auf die Mitte der Zimtstangen geben, Bastzopf aufdrücken und fest verknoten.

3 Schmuckband-Schleifen um den Henkel binden; die Enden schräg abschneiden. Wir haben ein rot-grün-kariertes Band in den Farben der Chilischoten gewählt. Den Korb mit Chilis und einigen Zimtstangen füllen.

Verzeichnis der Kräuter und Gewürze

Achillea millefolium

SCHAFGARBE

Die Gemeine Schafgarbe, eine in Europa heimische winterharte Staude, wächst als Unkraut auf Äckern und an Hecken, wo sie selbst in kargem Boden gedeiht. Es gibt niedrige und bis zu 60 cm hohe Arten. Von Sommeranfang bis Spätherbst trägt sie flachköpfige, winzige, fünfblättrige Blüten. Die ca. 10 cm langen Blätter sind dunkelgrün, flaumig behaart und gefiedert.
TROCKNEN: Stengel gleich nach Öffnen der Blüte schneiden, die unteren Blätter abzupfen und gebündelt an einem warmen, trockenen, luftigen Platz aufhängen.
DEKORIEREN: Frische oder getrocknete Scharfgarbe verleihen Blumenkränzen einen Hauch von »bräutlichem Weiß«. Da sie leicht verfügbar sind, werden sie oft für Blumengirlanden benutzt.

Alchemilla mollis

ACKERFRAUENMANTEL

Winterharte Staude mit kräftigem Wachstum und blaßgrünen, flaumbedeckten, gebuchteten Blättern, die besonders viele Tautropfen sammeln. Sie sind eng eingerollt und bilden geöffnet fast einen Kreis von 10–20 cm Breite. Die Pflanze wird von Gärtnern vor allem wegen ihrer gelblich-grünen Blütenknäuel geschätzt, die im Sommer einen lebhaften Kontrast zu den Grün- und Blaugrün-Schattierungen anderer Pflanzen bilden.
TROCKNEN: Einige Stengel schneiden, bevor Blüten und Blätter voll geöffnet sind, und andere, wenn die Pflanze in voller Blüte steht. In Bündeln an einem warmen, trockenen, luftigen Platz aufhängen. Kleine Zweige mit unreifen Blüten und Blättern eignen sich gut zum Pressen.
DEKORIEREN: Kleine Blätter und Blütendolden sind gute Füllsel für Kränze aus frischen und getrockneten Blumen, Girlanden und Zimmerbäumchen. Sie ergänzen Sträuße und Buketts und wirken sehr duftig, wenn sie an den Seiten plaziert werden. Gepreßte Zweige kommen in gepreßten Blumenbildern und Kollagen gut zur Geltung.

Allium sativum

KNOBLAUCH

Ein Mitglied der Lilienfamilie und ursprünglich in Asien beheimatet, wird Knoblauch heute weltweit in warmen Klimazonen angebaut. Er gedeiht in gut drainierter Erde und an sonnigen Standplätzen. Jede Knolle enthält mehrere Zehen mit weißer, rosa- oder purpurfarbener Haut, die in eine papierne Schutzhülle eingebettet ist. Die hellgrünen Blätter sind lang, gerade und weich. Die geraden, bis zu 60 cm langen Pflanzenstengel sind von kugelförmigen, tiefrosa oder weißen Blüten gekrönt.
TROCKNEN: Knollen ernten, sobald die Blüten verwelkt sind. Erde abschütteln und an einem warmen, trockenen, luftigen Platz aufhängen. Sie sehen schon während des Trocknens dekorativ aus und können in Bündeln, an einem Zopf aus Bast oder getrockneten Pflanzenstengeln aufgehängt werden. Die Zehen lassen sich in Olivenöl konservieren.
DEKORIEREN: Knoblauchzwiebeln sind eine dekorative, kontrastreiche Ergänzung für Gewürzkränze, Gebinde, Zöpfe und Girlanden; sie passen gut zu anderen Ingredienzien wie Lorbeerblättern, Zimtstangen und getrockneten Chilis.

Allium schoenoprasum

SCHNITTLAUCH

Ein weiteres, aus Zwiebeln gezogenes Mitglied der Lilienfamilie. Schnittlauch ist ursprünglich in Nordeuropa beheimatet, wo er noch wild vorkommt. Er wächst in Büscheln und hat tiefrosa oder dunkellila runde Blütenköpfe auf festen geraden Stengeln, die kaum von den dunkelgrünen schwertähnlichen Blättern zu unterscheiden sind. Er bevorzugt Halbschatten und feuchten, gut drainierten Boden.
TROCKNEN: Die Blätter lassen sich nicht gut trocknen, die Blüten können zum Trocknen gebündelt und aufgehängt werden. Noch besser ist es, die Stengel durch die Löcher in einem Stück Maschendraht zu ziehen, der die Blütenköpfe stützt.
DEKORIEREN: Die Blätter können gebündelt in Blumenkränze (siehe Florentiner Hut, Kapitel 2) eingefügt, zum Binden von Sträußchen oder Umwickeln von Einweckgläsern benutzt werden.

Schafgarbe

Knoblauch

Schnittlauch

Aloysia triphylla (auch *Lippia citriodora*)

ZITRONENSTRAUCH

Die ursprünglich in Südamerika beheimatete, buschige Staude gedeiht in heißen Klimazonen, wo sie bis zu 1,5 m hoch werden kann. Die ca. 10 cm langen, oval-zugespitzten Blätter haben ein starkes Zitronenaroma. Die rosa Blüten wachsen büschelförmig entlang den Stengeln.

TROCKNEN: Blätterzweige für Trockenblumen-Arrangements im Entfeuchter, am besten in Silicagel-Kristallen in der Mikrowelle trocknen. Blätter für Potpourris können in Bündeln an der Luft getrocknet und abgezupft werden.

DEKORIEREN: Die Blätter mit ihrem starken Zitrusaroma werden oft Potpourris beigemischt, vor allem, wenn keine süßliche, sondern ein frische Duftnote erwünscht ist.

Althaea officinalis

EIBISCH, SAMTPAPPEL

Ein Mitglied der Malvengewächse mit ähnlichen Wachstumsmerkmalen. Die winterharte Staude bevorzugt feuchten Boden und wächst manchmal wild in Moor- und Sumpfgebieten.

TROCKNEN: Die stiellosen Blüten sollten gepflückt werden, bevor sie voll geöffnet sind. Sie lassen sich im Entfeuchter, vor allem in Silicagel-Kristallen in der Mikrowelle trocknen. Blütenblätter und ganze Blüten können gepreßt werden.

DEKORIEREN: Die Blütenstengel eignen sich für großblumige Arrangements. Nehmen Sie einige Blätter weg, das verbessert den Eindruck. Gedrahtete Blüten können für Kränze und Girlanden verwendet werden, getrocknete Blüten können auf Blumenkränze aufgeklebt werden. Die Flüssigkeit von Stengel, Wurzeln und Blättern wurde früher zur Herstellung von Marshmallows verwendet. Die frischen Blüten eignen sich besonders gut zur Dekoration von Eiscreme oder anderen süßen Desserts.

Anethum graveolens

DILL

Der einjährige Doldenblütler hat drei dekorative Elemente – die kräftig grünen, gefiederten Blättchen, als Dillkraut bekannt, die grünlich-gelben nach oben gewölbten Dolden, die im Sommer blühen, und die schirmartigen, pergamentfarbenen Samen, die folgen.

TROCKNEN: Samenansätze kopfunter gebündelt und in Papiertüten einbinden, um herunterfallende Samen aufzufangen.

DEKORIEREN: Die fedrigen Blätter sehen hübsch in rustikalen Blumensträußen aus. Die Samenansätze sind eine konstrastierende Ergänzung für Frisch- oder Trockenblumenkränze und Girlanden. Die getrockneten Samen können in Säckchen als »Glücksbringer« auf Brautkränze gebunden werden.

Angelica archangelica

ENGELWURZ

Die ursprünglich aus Nordeuropa und Syrien stammende Verwandte der Petersilie wird bis zu 1,5 m hoch. Der winterharte Doldenblütler läßt sich nur aus Samen ziehen. Die ganze Pflanze ist aromatisch – die hohlen, an der Basis purpurfarbenen Stengel mit hellgrüner Schattierung, die großen Blätter, die aus drei Blättchen bestehen, die gelbgrünen schirmartigen Blütendolden, später die gelben Samen, und die großen, fleischigen Wurzeln.

TROCKNEN: Die Blätter können in einer Glyzerin-Wasser-Lösung haltbar gemacht werden. Die Samenansätze lassen sich flach ausgebreitet auf Gestellen im Trockenschrank oder aufrecht, mit Unterstützung, in Behältnissen ohne Wasser konservieren.

DEKORIEREN: Die konservierten Blätter, die eine rötliche Tönung annehmen, sind in Frisch- und Trockenblumenarrangements reizvoll. Kandierter Engelwurz, traditionsgemäß in Stiel- und Blattformen geschnitten, wird zum Verzieren von Konfekt benutzt.

Anthemis nobilis (auch *Chamaemelum nobile*)

RÖMISCHE KAMILLE

Mit ihrem Apfelduft, den gefiederten Blättern und den winzigen, in der Mitte gelben Blüten ist die Kamille ein reizvoller Bodendecker. Die wuchernde, sich selbst vermehrende Pflanze kann auch aus Ablegern gezogen werden und stellt selbst an ungeübte Gärtner keine großen Ansprüche.

TROCKNEN: Stengel möglichst lang abschneiden – die Pflanze wird selten mehr als 30 cm hoch – und die unteren Blätter entfernen. In Bündeln an einem warmen, trockenen, luftigen Platz aufhängen.

DEKORIEREN: Die kleinen Blüten sind reizvoll in frischen oder getrockneten Sträußen gebündelt arrangiert, als Füllsel in Blumenkränzen und Ringen, in zarten Sträußen und Buketts.

Anthriscus cerefolium

KERBEL (GARTENKERBEL)

Kerbel ist eng mit der Petersilie und anderen Doldenblütlern verwandt und wird bis zu 60 cm hoch. Die flachen, hellgrünen, spitzenähnlichen Blätter, die mit dem Reifen der Pflanze rotbraun werden, haben ein zartes Aroma, das an Anissamen erinnert. Die Pflanze kann in Trögen und Blumenkästen gezogen und mehrmals gepflückt werden, so daß der Vorrat bis in den Winter reicht.

TROCKNEN: Die flachen, winzigen weißen Blüten und Samenansätze lassen sich, wie bei allen Doldenblütlern, gebündelt an einem trockenen, luftigen Platz aufhängen. Die Blätter sehen gepreßt sehr hübsch aus.

DEKORIEREN: Frische Blätter sind eine zarte Komponente in Blumenarrangements und Sträußchen, während die Blüten und Samenansätze für Form und Kontrast sorgen.

Eibisch

Dill

Kamille

Armoracia rusticana

MEERRETTICH

Die dicht stehenden, dunkelgrünen Blätter, die bis zu 50 cm lang werden können, ragen über großen, fleischigen Wurzeln auf, deren Schärfe Tränen in die Augen treibt. Die Stengel, bis zu 60 cm lang, tragen im Sommer winzige weiße Blüten und später Trauben mit ziegelrotem Samen.
TROCKNEN: Samenansätze gebündelt an einem warmen, trockenen, sonnigen Platz aufhängen.
DEKORIEREN: Die jungen, gelb geäderten Blätter können als Hintergrundmaterial für flache Sträuße, Kräuterzweige und Blumen verwendet werden. Die Samenansätze lassen sich gut mit anderen Samenträgern kombinieren, z. B. Mohnblumen, Karde und Damaszener Schwarzkümmel.

Artemisia abrotanum

EBERRAUTE

Die Franzosen nannten sie *garde robe*, weil man sie zur Abwehr von Motten und Insekten zwischen Kleider zu hängen pflegte; bei uns auch als Stabkraut bekannt. Dioscorides, der erste griechische Kräuterkundige, beschrieb die Pflanze mit den fein gefiederten, blaugrünen Blättern als »mit Haar ausgestattet«. Der Halbstrauch kann bis zu 90 cm hoch werden und eine Spannweite von 60 cm erreichen. Im Spätsommer trägt er traubenförmige, blaßgelbe Blütenköpfe. *A. absinthium* (Wermut) hat ähnliche tiefgekerbte silbergraue Blätter und unscheinbare gelbe Blüten.
TROCKNEN: Untere Blätter abzupfen und bündeln, dann die voll geöffneten Blüten gebündelt an einem warmen, trockenen, sonnigen Platz aufhängen. Die Blätter verlieren eventuell ein wenig ihre gefiederte Form, bewahren aber ihr Aroma und lassen sich sparsam in Potpourris verwenden.
DEKORIEREN: Die Blätter sind besonders attraktiv in gemischten Kräuter- und Blumenarrangements, da die zarte Form und sanfte Tönung einen schönen Kontrast bilden. Die Stengel, oberhalb eines Blattansatzes abgeschnitten, ergänzen in verschiedener Länge Blumendekorationen (in feuchtem Steckschwamm), kleine Gebinde und Sträuße.

Artemisia dracunculus

ESTRAGON

Estragon hat lanzettförmige, weiche dunkelgrüne Blätter. Die winterharte Staude, ursprünglich in Südeuropa beheimatet, wird bis zu 90 cm hoch und bildet in warmen Klimazonen limonengrüne Blüten.
DEKORIEREN: Frische Blütenzweige bilden einen dekorativen Hintergrund für zarte Blumen – Nelken, Rosen usw. – in zwanglosen Arrangements. Sehr reizvoll wirken sie auch in Glasflaschen, die mit Essig gefüllt wurden.

Borago officinalis

BORETSCH

Nur wenige Gärtner würden wohl Boretsch anpflanzen, wenn es nicht die himmelblauen, sternförmigen Blüten gäbe. Die dunkelgrünen, duftlosen, flaumigen Blätter sind unscheinbar. Die winterfeste, einjährige, wuchernde Pflanze wird bis zu 45 cm hoch und hat dicke, derbe Stengel.
TROCKNEN: Die Blätter laden nicht zum Konservieren ein; die Blütenstände können dagegen im Entfeuchter getrocknet werden. Gepreßte Einzelblüten sind sehr dekorativ.
DEKORIEREN: Boretschzweige in voller Blüte setzen mit dem kräftigen Blau Farbakzente in Kräuterarrangements mit weißen, gelben und rosa Blüten. Einzelne Blüten lassen sich zum Garnieren von Salat und Süßspeisen und kandiert als Verzierung verwenden.

Brassica juncea

SAREPTA-SENF

Ursprünglich in China, Indien und Polen beheimatet, findet man den Sarepta-Senf oft in ländlichen Gegenden. Er bildet dichte Trauben hellgelber Blüten. Er erreicht eine Höhe von 1,5 m, ist leichter zu ernten und hat deshalb den schwarzen Senf, *B. nigra*, im Handel praktisch ersetzt. Die Schärfe des Krauts leitet sich nur aus der Reaktion des ätherischen Öls ab, wenn es mit Wasser gemischt wird. Weder die Blätter noch die Blüten mit den vier Blütenblättern haben dieses Aroma.
TROCKNEN: Die zitronengelben Blüten können in Silicagel-Kristallen oder anderen Entfeuchtern getrocknet oder gepreßt werden. Die kleinen, runden, cremefarbenen Samen sollten an der Pflanze reifen.
DEKORIEREN: Die Blüten sind hübsch in Arrangements; z. B. mit Goldrute, gelben Rosen und Boretsch.

Calendula officinalis

GARTENRINGELBLUME

Eine winterharte, einjährige, aus Südeuropa stammende Pflanze, die den ganzen Sommer lang leuchtend orangefarbene oder gelbe Blüten mit vielen Blütenblättern trägt. Sie kann bis zu 23 cm hoch werden, hat lange, leicht nach unten geneigte, oval-zugespitzte Blätter, vermehrt sich selbst und gedeiht in humusreichem, lockerem Boden und vollem Sonnenlicht. Sie läßt sich gut in Trögen, Wannen und Blumentöpfen ziehen.
TROCKNEN: Die Blüten können im Entfeuchter getrocknet werden, am besten in Silicagel-Kristallen in der Mikrowelle oder im Backofen bei niedriger Temperatur. Die Blütenblätter lassen sich gut pressen.
DEKORIEREN: In Gruppen angeordnet, bringen sie Farbe in jedes Blumenarrangement; ein kleines Ringelblumen-Sträußchen ist ein fröhlicher Blickfang.

Ringelblume

Eberraute

Französischer Estragon

Capsicum annuum

PAPRIKA

Der einjährige Halbstrauch, der weltweit angebaut wird, in warmen feuchten Klimazonen gedeiht und eine Höhe von 30–90 cm erreicht, trägt, je nach Art, bis zu 25 cm lange Früchte – die glänzenden und farbenprächtigen grünen, gelben und roten Paprika.
TROCKNEN: Paprika in voller Blüte ernten. In warmen Klimazonen können sie an Gestellen oder Schnüren in der Sonne getrocknet werden. Ein Trockenschrank ist jedoch ein guter Ersatz.
DEKORIEREN: Frisch oder getrocknet auf Stumpendraht gefädelt, lassen sie sich in Schmuckgirlanden und Kränze einfügen; vor allem im Herbst und zum Erntedankfest eine schöne Dekoration.

Capsicum frutescens

CAYENNEPFEFFER (CHILIS)

Ursprünglich aus Mittel- und Südamerika, Mexiko, Indien, China und von den Westindischen Inseln stammend, wird diese winterharte Pflanze bis zu 2 m hoch. Die Samenkapseln, deren Geschmacksintensität stark variiert, können grün, gelb, orange oder rot sein.
TROCKNEN: Ganze Chilis auf Schnüre fädeln, auf Gestellen oder Korbtabletts ausbreiten, so daß die Luft zirkulieren kann, und in der Sonne oder im Trockenschrank konservieren. Oder jede einoder zweimal mit der Nadel einstechen und in der Mikrowelle bei niedrigster Stufe trocknen.
DEKORIEREN: Auf Silberdraht fädeln und als Blickfang in Kräuterkränze, Gehänge und Girlanden einfügen; getrocknete rote Chilis gebündelt an einen Präsentkorb-Henkel binden (siehe Ländlicher Korb, Kapitel 6); frische grüne Chilis auf Draht in ein Gewürzbäumchen stecken (Kapitel 3) oder in einem Korb aufeinandertürmen.

Carum carvi

KÜMMEL

Die zweijährige Pflanze, die in Europa, Nordamerika und Indien gedeiht, hat weiche, farnähnliche Blätter und weiße Blütendolden. Die Früchte spalten sich in zwei Samen, die als Gewürz verwendet werden. Kümmel bevorzugt lockeren, trockenen, gut drainierten Boden, einen sonnigen Standplatz und vermehrt sich selbst.
TROCKNEN: Wenn die Blüten ganz offen sind, die Stengel schneiden, die unteren Blätter abstreifen und an einem warmen, trockenen, luftigen Platz aufhängen. Oder die Samen im Spätsommer an der Pflanze reifen lassen, die Stengel dann nahe dem Boden abschneiden und über einem Blatt Papier, zum Auffangen der Samen, aufhängen.
DEKORIEREN: Die kleinen schneeflockenähnlichen Blütendolden lassen Blumenkränze, Girlanden und Sträußchen duftig wirken. Die Samenansätze sind eine reizvolle und haltbare Dekoration.

Centaurea cyanus

KORNBLUME

Eine einjährige Staude, die bis zu 1 m hoch wird, obwohl es auch Zwergarten gibt. Kornblumen lieben einen sonnigen Standplatz und gut drainierten Boden. Sie können dunkelblau, karmesinrot, rosa, malvenfarben oder weiß sein.
TROCKNEN: Die Blüten können in Bündeln hängend getrocknet werden, verlieren aber an Farbe. Am besten trocknet man sie »offen«, ohne Entfeuchter, in der Mikrowelle bei niedrigster Stufe.
DEKORIEREN: Frisch oder getrocknet haben sie die ideale Größe und Form, um in Kräuterkränzen, Girlanden, Sträußen, Buketts und Arrangements aller Art gruppiert, Farbakzente zu setzen. Die getrockneten Blüten oder Blütenblätter, vor allem in kräftigen Farben, sind optisch reizvolle Ingredienzien für Potpourris.

Chrysanthemum parthenium (auch *Tanacetum parthenium*)

MUTTERKRAUT

Die winterharte Staude mit hell- oder gelbgrünen Blättern und kleinen weißen Einzel- oder Doppelblüten, die Gänseblümchen ähneln, gehört zu den Pflanzen, die wir das ganze Jahr über am Wegrand sehen können. Mutterkraut kann bis zu 60 cm hoch werden.
TROCKNEN: Die Doppelblüten können mit den Stielen in ca. 5 cm Wasser stehend, in Bündeln an einem warmen, trockenen, luftigen Platz aufgehängt oder »offen« in der Mikrowelle bei niedrigster Stufe getrocknet werden. Einzelblüten trocknet man am besten im Entfeuchter. Die Blätter eignen sich sehr gut zum Pressen.
DEKORIEREN: Eine oder zwei der blütenreichen, buschigen Pflanzen können mit Kräutern in allen erdenklichen Behältnissen – von Kristallvasen bis Einmachgläsern – arrangiert werden. Sie geben Blumenkränzen und Girlanden, Sträußen und Buketts Farbe und Bäumchen oder Hängekugeln aus Frischblumen Substanz. Die gepreßten Blätter und Einzelblüten lassen sich für Bilder, Grußkarten und Collagen aus gepreßten Blumen verwenden.

Cinnamomum verum

CEYLONZIMTBAUM

Der Zimtbaum, in den feuchten Waldgebieten tropischer Regionen – vor allem auf Sri Lanka, Madagaskar, den Seychellen und in Südindien – beheimatet, kann 10–12 m hoch werden. Er hat lange, aromatische Blätter, wird aber seiner würzigen Innenrinde wegen kultiviert. Sie wird in langen Streifen abgeschält und zum Fermentieren ausgebreitet. Nach 24 Stunden wird die krümelige Außenrinde entfernt und die Innenrinde getrocknet, die sich zusammenrollt oder kräuselt.
DEKORIEREN: Mit Bast umwickelte Zimststangen-Bündel sind eine dekorative Ergänzung für Girlanden, Kränze und Gehänge. Sie bilden einen reizvollen Kontrast zu immergrünen Blättern und lassen sich sich besonders gut für Erntedankfest- oder Weihnachtschmuck verwenden.

Chili

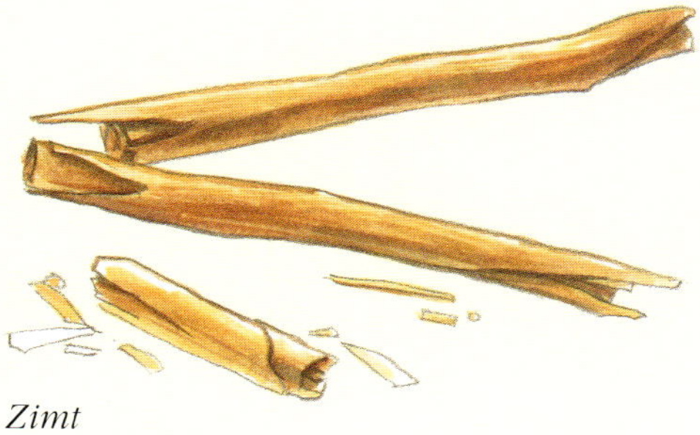

Zimt

Coriandrum sativum

KORIANDER

Eine einjährige Staude, die im späten Frühjahr im Freien aus Samen gezogen werden kann. Sie erreicht eine Höhe von 60 cm und hat hellgrüne, fächerartige Blätter, ähnlich denen der glattblättrigen Petersilie. Die kleinen weißen Blüten bilden Dolden, und die starkwürzigen Samen sind klein, kugelig und cremefarben.
TROCKNEN: Blütendolden und Samenansätze können gebündelt an einem warmen, trockenen, luftigen Platz aufgehängt werden. Samenansätze mit Papiertüten umwickeln, um herunterfallende Samen aufzufangen.
DEKORIEREN: Die Blütendolden lassen sich mit anderen Kräutern zu bunten, ländlichen Sträußen zusammenstellen und die Samenansätze in haltbaren Arrangements wie Kräuterringe und -gehänge verwenden.

Crocus sativus

SAFRAN

Safran ist das teuerste Gewürz der Welt. Man braucht ca. 250 000 Narbenschenkel von rund 75 000 blau-violetten Herbstkrokusblüten, um 450 g der aromatischen Substanz zu gewinnen. Die Weltproduktion stammt hauptsächlich aus Spanien und Portugal. Safran wurde, wie der Name besagt, auch in der südenglischen Grafschaft Essex, in der kleinen Stadt Saffron Walden, angebaut.
TROCKNEN: Falls Sie Safran selbst ziehen wollen, die Blüten pflücken, sobald sie sich öffnen. Die orangefarbenen Narbenschenkel der Griffel – jede Blüte hat drei – vorsichtig herausziehen und auf einem Tablett ausbreiten. Im Trockenschrank oder draußen im Schatten an einem warmen windstillen Tag, ohne direkte Sonneneinwirkung und Zugluft, trocknen. In luftdichten Behältern ohne starke Lichteinwirkung aufbewahren.
DEKORIEREN: Eigentlich ist Safran zu kostbar, um ihn nur zum Dekorieren zu verwenden, aber eine oder zwei Blüten sind die Krönung jeden Gewürzbäumchens.

Cuminum cyminum

KREUZKÜMMEL

Eine zarte einjährige Pflanze, die im Mittleren Osten beheimatet ist. Sie bevorzugt einen warmen, sonnigen Standplatz und nährstoffreichen, gut drainierten, sandigen Lehmboden. Sie hat schlanke Stengel und wird bis zu 60 cm hoch.
TROCKNEN: Kreuzkümmel wird hauptsächlich wegen der aromatisch-scharfen, samenähnlichen Früchte angebaut. Samen an der Pflanze reifen lassen, dann mit den Stielen nach unten aufhängen und die Ansätze in Papiertüten einbinden, um die herunterfallenden Samen aufzufangen.
DEKORIEREN: Würziger Kümmelsamen ist zum Bestreuen von Brot und Brötchen beliebt. Er kann gruppiert auf vorgeformten Steckschwamm geklebt und für Gewürzbäumchen und Duftkugeln verwenden werden.

Dianthus caryophyllus

GARTENNELKE

Eine winterharte Pflanze, die auch in kargem, gut drainiertem Boden gedeiht, ja sogar an Wänden und zwischen Pflastersteinen wächst. Sie kann aus Samen, im späten Frühjahr ausgesät, gezogen werden, wird aber meistens durch Teilung oder Ableger im Spätsommer vermehrt. Sie wird bis zu 60 cm hoch und hat eine Spannweite von 25 cm.
TROCKNEN: Blätterbündel können im Entfeuchter und, mit weniger gutem Ergebnis, »offen« in der Mikrowelle getrocknet werden. Die Blüten lassen sich in einem Entfeuchter konservieren.
DEKORIEREN: Die frischen oder getrockneten Blätter wirken hübsch in Blumenkränzen und -ringen gebündelt. Die zahlreichen Sorten mit rosa, roten, weißen, creme- und aprikotfarbenen oder gelben, ungefüllten oder gefüllten, schlichten oder gemaserten Blüten bereichern Kräuterarrangements und Dekorationen aller Art, vor allem Braut-, nostalgische und Duftsträußchen.

Elettaria cardamomum

KARDAMOM

Obwohl in Südindien und auf Sri Lanka beheimatet, wird Kardamom auch in einigen nördlichen Ländern angebaut. Er wird zum Frühjahrsbeginn durch Wurzelstockteilung vermehrt und kann in Töpfen im Treibhaus oder Zimmer gezogen werden. Er wird hauptsächlich wegen der winzigen schwarzen scharfwürzigen Samen kultiviert, die in kleine eiförmige blaßgrüne Fruchtkapseln eingebettet sind.
TROCKNEN: Die Kapseln werden geerntet, wenn sie beinahe reif sind, gewaschen und dann in der Sonne oder im Heißluftschrank konserviert.
DEKORIEREN: Die Samenkapseln geben Potpourris eine reizvolle Struktur.

Foeniculum vulgare

FENCHEL

Fenchel wird bis zu 1,5 m hoch. Die Blattscheiden bilden einen dekorativen Hintergrund für eine Straußeinfassung. Er hat büschelige dunkelgrüne oder bronzefarbene Blätter und gelbe Blütendolden.
TROCKNEN: Blüten- und Samendolden können zum Trocknen gebündelt und an einem warmen, trockenen, luftigen Platz aufgehängt werden.
DEKORIEREN: Die Blätter, die sich gut in Wasser, aber nicht in feuchten Steckschwämmen halten, verleihen einem Kräuterarrangement eine schleierähnliche Note. Die gelben Blütendolden sind ein Blickfang sowohl in Arrangements als auch Kräuterkränzen und Girlanden. Die Samen mit starkem Anissamenaroma können Gewürzpotpourris beigefügt oder, in Säckchen gebunden, Trockenblumenringen und Hochzeitskränzen Duft verleihen.

Gartennelke

Kardamom

Fenchel

Hyssopus officinalis

YSOP

Urheimat des Ysop ist der Nahe Osten und Rußland; in den USA ist er ein Gartenflüchter (nach Europa kam er vermutlich durch die Benediktiner). Die Pflanze wird bis zu 60 cm hoch und hat oval-zugespitzte, ca. 2,5 cm lange dunkelgrüne Blätter. Von Mitte des Sommers bis Herbstmitte stehen die blau-lila, rund 5 mm langen Einzelblüten an Scheinähren büschelweise übereinander. Stengel, Blüten und Blätter des Halbstrauchs haben ein starkes, bittersüßes Aroma.

TROCKNEN: Um die Blätter in Arrangements zu verwenden, die Stengel in einem Entfeuchter trocknen – am besten in Silicagel-Kristallen in der Mikrowelle.

DEKORIEREN: Frische und getrocknete Blätter wurden im Mittelalter als Duftspender auf den Boden gestreut und in Bündeln zum Vertreiben von Insekten aufgehängt. Die zarten Blüten wirken gut in zwanglosen Arrangements, vor allem mit tiefblauen Kornblumen kombiniert.

Illicium verum

STERNANIS

Sternanis ist die Frucht eines kleinen immergrünen Baumes, der zur Familie der Illicinumgewächse gehört und in China beheimatet ist.

TROCKNEN: Die Früchte werden vor der Reife gesammelt und in der Sonne getrocket.

DEKORIEREN: Es eignet sich als Blickfang in haltbaren Arrangements aller Art. Sternanis läßt sich auf getrockneten Ingwer, Kräuterringe und Gehänge, auf die Spitze eines Gewürzbäumchens, in die Mitte einer Schmuckband- oder Bastschleife oder zum Verschönern rund um ein unscheinbares Körbchen kleben.

Iris germanica

SCHWERTLILIE (DEUTSCHE SCHWERTLILIE)

Die violetten bis purpurroten Blüten sind sehr dekorativ, aber die Pflanze wird hauptsächlich wegen ihrer knolligen Rhizome (Wurzelstöcke) angebaut, die unter der runzligen braunen Haut weiß sind und stark nach Veilchen duften.

TROCKNEN: Rhizome im Herbst ausgraben und an einem warmen, trockenen, luftigen Platz aufhängen. Der Duft wird intensiver, wenn sie welken und trocknen. Haut abziehen – ein Kartoffelschäler ist dazu ideal. Die getrocknete Wurzel im Mixer pulverisieren und in einem luftdichten Behältnis aufbewahren.

DEKORIEREN: Das cremefarbene Veilchenwurzel-Pulver hat keinen optischen Reiz, dient aber als Fixiermittel in Potpourris, Duftkissen und Lavendelsäckchen. Es verstärkt und bewahrt das Aroma anderer Pflanzenmaterialien, Gewürze und Öle.

Juniperus communis

WACHOLDER

Das immergrüne Nadelgehölz wächst in Nordamerika, einigen europäischen Ländern und Asien wild. Die ganze Pflanze ist aromatisch. Sie bevorzugt Hanglagen mit gut drainiertem Kalk- oder Kreideboden und zumindest Halbschatten.

TROCKNEN: Die Beeren mit je drei Samen brauchen manchmal zwei bis drei Jahre zum Reifen. Sie sind zunächst hellgrün, dann schwarz; in diesem Zustand können sie gepflückt und auf Tabletts im Trockenschrank oder in der Sonne konserviert werden.

DEKORIEREN: Die blauschwarzen Samen traubenweise zusammenkleben und mit Draht auf Kräuterkränzen und Gehängen befestigen.

Laurus nobilis

LORBEERBAUM

Lorbeerkränze wurden im alten Griechenland und Rom als Symbole des Sieges und der Weisheit verliehen. Die glänzenden süßduftenden Blätter, oval-zugespitzt und bis zu 10 cm lang, wachsen dicht an den strauchähnlichen Bäumen, die eine Höhe von 7,5 m und eine Spannweite von 2 m erreichen können. Die Blüten sind unscheinbar, verglichen mit den wohlriechenden Blättern.

TROCKNEN: Zum Würzen von Speisen oder zerkrümelt für Potpourris können die Blätter an einem warmen, trockenen, luftigen Platz aufgehängt werden. Sie rollen sich aber zusammen und verlieren ihre flache Form. Um die charakteristischen Merkmale zu erhalten, sollten sie in Silicagel-Kristallen konserviert werden.

DEKORIEREN: Die frischen immergrünen Blätter bleiben lange ansehnlich; sie lassen sich für Küchenkränze, Gehänge und Sträuße verwenden.

Lavandula angustifolia

ECHTER LAVENDEL

Lavendel mit seinem süßen Duft ist ein winterharter Halbstrauch, im Mittelmeergebiet beheimatet und bei Gärtnern sehr beliebt. Manche Arten werden bis zu 90 cm hoch.

TROCKNEN: Die silbergrauen langen, nadelartigen Blätter können in Bündeln zum Trocknen aufgehängt oder für ein Potpourri zerkrümelt werden. Wenn sie in Arrangements und Sträußen sichtbar sein sollen, empfiehlt es sich, sie im Entfeuchter zu trocknen. Die Blüten sollten sofort nach dem Öffnen gepflückt und gebündelt kopfunter an einem warmen, trockenen, luftigen Platz aufgehängt werden.

DEKORIEREN: Lavendelblätter passen gut zu zarten Pflanzen wie Nelken, Mutterkraut und Boretsch, während die Blütenzweige reizvolle Komponenten für Buketts und Sträuße sind. Die frischen oder getrockneten Blüten werden am besten in Büscheln oder Gruppen arrangiert, ähnlich ihren natürlichen Wachstumseigenschaften. Sie geben Blumen- und Duftsträußchen ein dominierendes Aroma.

Sternanis

Lorbeer

Lavendel

Levisticum officinale

LIEBSTÖCKEL

Ein winterhartes, in Stauden wachsendes Kraut, das bis zu 1,8 m hoch werden kann. Es hat große, fleischige hellgrüne Blätter und Dolden mit grüngelben Blüten an dicken röhrigen Stengeln. Es bevorzugt Halbschatten, guten, feuchten Boden und kann aus Samen gezogen werden.
TROCKNEN: Die dichten Blütendolden und Samen können zum Trocknen kopfunter an einem warmen, trockenen, luftigen Platz aufhängt werden.
DEKORIEREN: Die Blätter sind reizvolle Komponenten in Kräuterarrangements und können als Hintergrund für flache Sträuße und Zweige verwendet werden. Die Samenansätze sehen hübsch in Kräuterkränzen aus.

Melissa officinalis

ZITRONENMELISSE

Die winterharte Staude, ursprünglich in Südeuropa beheimatet, wo sie seit mehr als 2000 Jahren kultiviert wurde, nimmt von Jahr zu Jahr an Spannweite zu und kann bis zu 90 cm hoch werden. Sie hat fast herzförmige, stark gekerbte, ca. 6 cm lange hellgrüne, gelbe oder mehrfarbige Blätter. Die Blüten sind klein, weiß und unscheinbar.
TROCKNEN: Kleine Blattstengel für Arrangements in einem Entfeuchter trocknen. Sollen die Blätter für ein Potpourri verwendet werden, auf Tabletts im Trockenschrank konservieren.
DEKORIEREN: Zweige mit den nach Zitrone duftenden Blättern sind besonders hübsch in Kombination mit weißen Blüten wie Mutterkraut, Kornblumen, Margeriten und Gänseblümchen. Kurze Zweige können als Füllsel für Blumenarrangements verwendet werden.

Mentha spicata

MINZE (ÄHRENMINZE)

Minze, eine der größten Kräutergruppen, ist eine winterharte Staude, die hervorragend im Garten wächst. Je nach Art oder Sorte sind die Blätter dunkel-, silber- gelbgrün oder mehrfarbig mit geraden, gesägten oder gezähnten Kanten. Die Blüten sind unscheinbar, blau-violett und bilden Scheinquirle rund um den Stiel. Die verschiedenen Arten bieten eine breite Aromapalette: *Mentha citrata* duftet nach Orangenblüten, andere nach Zitrone, Ingwer, Ananas, Lavendel und Pfefferminze.
TROCKNEN: Blätter für Potpourris auf Gestellen, Tabletts in Trockenschränken oder im Freien trocknen oder kopfunter an einem warmen, trockenen, luftigen Platz aufhängen. Zweige für Arrangements im Entfeuchter konservieren.
DEKORIEREN: Minzezweige, mit oder ohne Blüten, halten sich gut in lange gewässerten Steckschwämmen. Sie bilden einen reizvollen Hintergrund für Blumengirlanden und Gehänge, und die buntblättrigen Arten sind ein schöner Schmuck.

Monarda didyma

INDIANERNESSEL

Mit ihren ansehnlichen scharlachroten Blüten und duftenden Blättern ist das aus Nordamerika stammende winterharte und bis zu 90 cm hohe Rautengewächs sehr dekorativ. Die nach Orangen riechende Pflanze, die für Bienen sehr attraktiv ist, wurde von vielen nordamerikanischen Indianerstämmen verwendet.
TROCKNEN: Die dicken Blütenbüschel können in einem Entfeuchter getrocknet werden, ideal in Silicagel-Kristallen im Backofen oder in der Mikrowelle.
DEKORIEREN: Die Blüten sind ein Blickfang an der Basis von Blumenarrangements aller Art, einzeln in Vasen oder in schmalen Gläsern. Die Blätter verleihen Potpourris ein frisches Zitrusaroma.

Myristica fragrans

MUSKATNUSSBAUM

Die immergrünen auf den Molukken und anderen ostindischen Inseln beheimateten und vor allem auf den westindischen Inseln angepflanzten Bäume liefern zwei Gewürze, Muskatnuß und Mazis. Beide stammen aus der gelben Frucht, einer fleischigen Kapsel mit nur einem Samen, der Muskatnuß, die von einem Samenmantel, der Mazis, umhüllt ist. Mazis ist beim Ernten hellrot, verblaßt beim Trocknen und nimmt eine goldgelbe Farbe an.
TROCKNEN: Beide Gewürze werden, wenn sie kultiviert sind, getrocknet und im ganzen oder pulverisiert verkauft.
DEKORIEREN: Die dunkelbraunen, fingerhutgroßen Muskatnüsse können vereinzelt oder in Trauben auf Rebenkränze geklebt oder als Kontrast zu immergrünen Kräutern und bunten Gewürzen mit Draht auf Bastzopf-Gehänge gesteckt werden. Einige Mazisfäden und geriebene Muskatnuß sind eine wunderbare Ergänzung für Potpourris.

Myrrhis odorata

SÜSSDOLDE

Die winterharte Staude hat insgesamt ein anisähnliches Aroma. Sie braucht Platz – da sie eine Höhe von 1,5 m und eine Spannweite von 90 cm erreichen kann. Sie liebt tiefen, feuchten Boden und Halbschatten. Sie hat farnähnliche, hellgrüne Blätter cremeweiße Blütendolden. Die Samen, bis zu 2,5 cm lang, sind schmal und spitz zulaufend und werden braun-schwarz, wenn sie reifen.
TROCKNEN: Blumen und Samenansätze können zum Trocknen kopfunter an einem warmen, trockenen, luftigen Platz aufgehängt werden. Die Blätter lassen sich gut pressen.
DEKORIEREN: Die Blüten, im späten Frühjahr und Sommeranfang zu sehen, bilden einen schönen Kontrast in Arrangements mit klar umrissenen Materialien. Die Samenansätze kommen in Trockenblumen-Arrangements besonders gut zur Geltung.

Melisse

Minze

Muskatnußbaum

Nepeta x faassenii

KATZENMINZE

Die winterharte Staude, in Asien und einigen Teilen Europas beheimatet, kann eine Höhe von 90 cm und die halbe Spannweite erreichen. Sie hat unscheinbare graugrüne Blätter und blaßblaue oder purpurfarbene Blüten.
TROCKNEN: Blütenstengel können in einem Entfeuchter oder – wenn sie zu mehreren in Arrangements verwendet und nicht einzeln wirken sollen – zum Trocknen gebündelt an einem warmen, trockenen, luftigen Platz aufgehängt werden.
DEKORIEREN: Der Name enthält eine Warnung – Katzen lieben den Duft der frischen oder getrockneten Blätter, in freier Natur oder arrangiert. Die Blüten kommen in Kombination mit Blickfängen wie Minze oder Eberraute gut zur Geltung.

Ocimum basilicum

BASILIKUM

Basilikum im Topf in der Küche gezogen soll Fliegen verscheuchen. Die glänzenden Blätter, die je nach Art bis zu 10 cm lang sein können und die winzigen weißen Blütenquirle sind sehr dekorativ. Die einjährige Pflanze bevorzugt feuchten, gut drainierten Boden und volles Sonnenlicht.
TROCKNEN: Trockene Blattstengel und Samenansätze in einem Entfeuchter konservieren, wenn sie in Arrangements eingefügt werden sollen. Sie können auch kopfunter in Bündeln aufhängt, in der Mikrowelle getrocknet oder einzeln auf Tabletts oder in einem Trockenschrank haltbar gemacht werden.
DEKORIEREN: Mit dem süßen Aroma und der leuchtenden Farbe sind frische Basilikumzweige eine hübsche Komponente für Arrangements aller Art. Getrocknete Zweige wirken in Trockenblumensträußen sehr dekorativ.

Origanum majorana

MAJORAN

Majoran wächst in den warmen Klimazonen des Mittelmeers als winterharte Staude und wird in kälteren Gebieten als ein- bis zweijährige Pflanze angebaut. Er hat harte, holzige Stengel, bis zu 30 cm hoch, und graugrüne oder goldene ovale Blätter, die 20 mm lang sein können. Die winzigen Blüten können weiß, rosa, malven- oder purpurfarben sein.
TROCKNEN: Stengel in voller Blüte schneiden und kopfüber in Bündeln an einem warmen, trockenen, luftigen Platz aufhängen. Die getrockneten unteren Blätter können abgezupft und für ein Potpourri benutzt werden.
DEKORIEREN: Die Blüten schaffen Farbtupfer in frischen und trockenen Arrangements und geben Blumenkränzen, Girlanden und Gehängen ein rustikales Aussehen. Die getrockneten Blüten können mit Heu oder Moos gemischt und als Grundschicht für Körbe und Schachteln verwendet, die getrockneten Stengel zum Einflechten in Körbe benutzt werden (siehe Kapitel 6).

Origanum vulgare

DOST

Dost (getrocknet im Handel als Oregano) gehört zur selben Familie wie Majoran und ist eine winterharte Staude, die aus der Mittelregion stammt und volle Sonne genießt. Sie wird 20 cm hoch, die dunkelgrünen oval-zugespitzten Blätter werden bis zu 20 mm lang. Die Blüten sind klein und weiß.
TROCKNEN: Die Stengel kopfunter in Bündeln an einem warmen, trockenen, luftigen Platz aufhängen; dann die Blätter für Potpourris abstreifen.
DEKORIEREN: Frische Blattstengel lassen sich mit anderen aromatischen Kräutern zu einem zwanglosen Arrangement zusammenstellen. Die getrockneten Blätter verleihen einem Potpourri ein Moschusaroma.

Papaver otientale

TÜRKISCHER MOHN

Der Türkische Mohn gehört zu den Staudengewächsen und kam bereits im 18. Jahrhundert aus Persien, Armenien und dem Kaukasus in unsere Gärten. Die großen Blüten sind meist leuchtend rot, es gibt aber auch rosafarbene und weiße Blüten. Türkischer Mohn bevorzugt durchlässige, tiefgründige Böden und volle Sonne.
TROCKNEN: Die Blüten können im Entfeuchter konserviert, die Samenkapseln gebündelt aufgehängt werden.
DEKORIEREN: Mohnsamen läßt sich zum Verzieren von Brot, Kuchen und Gebäck verwenden. Die Blütenstiele sollten, bevor sie ins Wasser gestellt werden, zum Versiegeln der Enden kurz in die Feuerzeug- oder Kerzenflamme gehalten werden. Die scharlachroten Blüten wirken zwischen einer Handvoll Frauenmantelblüten und in Trockenblumenarrangements sehr dekorativ.

Pelargonium

PELARGONIE

Pelargonien (fälschlich oft Geranien genannt) sind beliebte Zimmer- und Balkonpflanzen. Zum Dekorieren eignen sich besonders die blattduftenden Arten, die je nach Art oder Sorte dunkel-, hellgrüne oder mehrfarbige Blätter haben, die von 12 mm bis 7,5 cm breit sein können. Die Blüten sind weiß, rosa, malvenfarben oder rot und duftlos.
TROCKNEN: Kleine Zweige oder einzelne Blätter in einem Entfeuchter; die größeren sollten für Arrangements und Sträuße auf Draht gesteckt, für Potpourris in der Mikrowelle oder im Trockenschrank konserviert werden.
DEKORIEREN: Wählen Sie die Potpourri-Zutaten nach ihrem Duft aus: *P. crispum* (Zitrone), *P. odoratissimum* (Apfel), *P. quercifolium* (Eichenblätter), *P. graveolens* und *P. radens* (Rose), *P. x fragrans* (Muskat) und *P. tomentosum* (Pfefferminze).

Basilikum

Dost

Pelargonie

Petroselinum crispum

KRAUSE PETERSILIE

Petersilie ist zwar als würzige Garnierung bekannt, seine dekorative Wirkung in Arrangements dagegen weniger. Die dunkelgrünen, eng zusammengerollten Blätter bilden einen schönen Kontrast zu anderen Kräutern, Bauerngarten- und Wiesenblumen. Die zweijährige Pflanze, die bis zu 45 cm hoch wird, hat kleine gelbgrüne, flache Blütendolden.

TROCKNEN: Gebündelt ohne starke Lichteinwirkung kopfunter in den Trockenschrank hängen oder einzelne Stengel in der Mikrowelle trocknen. Dabei bleiben meistens genügend charakteristische Eigenschaften erhalten, um sie in fülligen Blumen-Arrangements zu verwenden.

DEKORIEREN: Einige Stengel mit einer Handvoll Ringelblumen zu einem ländlichen Arrangement für die Küche zusammenstellen oder als Umrandung für einen zwanglosen Strauß verwenden. Die getrockneten Stengel können mit lange haltbaren Blumen wie gefüllte Nelken und getrockneten Kornblumen kombiniert werden.

Pimenta dioica

PIMENTBAUM

Die ursprünglich aus Lateinamerika und den Westindischen Inseln stammenden Bäume reifen nach 15 Jahren und können mehr als 100 Jahre lang Früchte tragen. In den Beeren verbindet sich das Aroma von Muskatnuß, Gewürznelken und Zimt.

TROCKNEN: Die voll ausgewachsenen, noch unreifen Beeren werden 3–4 Monate nach der Blüte geerntet, wenn sie rotbraun sind, und 7–10 Tage in der Sonne getrocknet.

DEKORIEREN: Die runden blauschwarzen Beeren dienen seit langem zur Konservierung von Nahrungsmitteln und als Mixed-Pickles-Gewürz. Sie wirken dekorativ, wenn sie für Duftkugeln und Zimmerbäumchen in konzentrischen Kreisen oder Flecken oder gebündelt für Collagen aus gepreßten Blättern verwendet werden.

Piper nigrum

PFEFFER

Der schwarze und weiße Pfeffer stammt von einem immergrünen Pfeffergewächs, das in Indien beheimatet ist und dort im feuchten Dschungelklima in Ranken wächst.

TROCKNEN: Der schwarze Pfeffer wird aus den unreif geernteten grünen Beeren gewonnen, die beim Reifen dunkel werden. Der weiße Pfeffer reift an den Ranken; die Beeren werden dann gewässert und die weiche Außenschale abgezogen.

DEKORIEREN: Pfefferkörner, in jedem Küchenregal zu finden, können in Ringen oder Flecken auf Steckschwämmen für Duftkugeln und aromatische Potpourris mit anderen getrockneten Gewürzen gemischt werden.

Poterium sanguisorba (auch *Sanguisorba minor)*

PIMPERNELL

Ein winterharte Staude, die kalkigen, gut drainierten Boden und einen sonnigen, geschützten Standort bevorzugt. Sie wurde von den ersten europäischen Siedlern nach Amerika gebracht. Die Pflanze wird bis zu 40 cm hoch und hat schmale, stark gezähnte Blätter und kleine rote Blütenköpfchen.

TROCKNEN: Blüten kopfunter an einem warmen, trockenen, luftigen Platz aufhängen. Die Blätter lassen sich gut pressen.

DEKORIEREN: Die frischen oder getrockneten Blüten mit ca. 12 mm Umfang sind eine duftige Ergänzung für kleine Arrangements. Die getrockneten Blüten verleihen einem Potpourri Form und Farbe.

Rosmarinus officinalis

ROSMARIN

Rosmarin, ein immergrüner Strauch mit tannennadelähnlichen Blättern und zarten blaßblauen Blütenbüscheln wird schon lange als Duftspender für Kleidung und Leinen verwendet. Unter günstigen Bedingungen kann er bis zu 2 m hoch werden, mit fast gleicher Spannweite. Er wird aus Triebspitzen gezogen, die im Sommer geschnitten wurden, und mag leichten, gut drainierten Boden und einen sonnigen, geschützten Standplatz. Rosmarin hat ein starkes Kampferaroma, das in Mittelmeergebieten stärker ausgeprägt ist als in kalten Klimazonen.

TROCKNEN: Die langen, weichen graugrünen Nadeln sind das ganze Jahr frisch erhältlich; daher besteht wenig Anreiz zum Trocknen. Er läßt sich am besten im Entfeuchter konservieren, kann aber auch zum Trocknen aufgehängt werden.

DEKORIEREN: In Gold getauchte und mit Band umwickelte Rosmarinzweige wurden im Mittelalter in England als Andenken an Hochzeitsgäste verteilt. Hübsch sind mit Goldfarbe besprühte frische Zweige. Rosmarinzweige geben formalen Blumenarrangements als Blickpunkt Höhe und Form; sie lassen sich mit anderen Kräutern bündeln und mit Draht auf Rebenkränzen und Gehängen befestigen. Weiche Zweige lassen sich unter Bastband zum Schmücken von Einweckgläsern schieben oder als optisch reizvoller und aromatischer Zusatz für Öl- und Essig in Glasflaschen verwenden. Sie sind unverzichtbarer Bestandteil von Sträußchen oder Buketts, die man »zur Erinnerung« verschenkt, und die getrockneten Blätter lassen sich in Potpourris einfügen.

Petersilie

Pimpernell

Rosmarin

Rumex acetosa

GARTENSAUERAMPFER

Gartensauerampfer bevorzugt sauren Boden und läßt sich gut aus Samen ziehen, der im Frühjahr gesät wird. Er hat große, lanzettliche, grüne Blätter, ähnlich dem Spinat, aber mit kräftigem, strengem Aroma. Die langen Stengel mit den winzigen grünen Blüten und ziegelroten Samenansätzen sollten beschnitten werden, damit genügend Blätter nachwachsen; ihr dekoratives Potential ist dafür ein Anreiz.

TROCKNEN: Die Stengel mit den spießförmigen Blüten und Samen an einem warmen, trockenen, luftigen Platz aufhängen.

DEKORIEREN: Die Stengel mit den dichten Blüten wirken gut in hohen Blumenarrangements und neben konventionellerem Pflanzenmaterial. Die Samenansätze lassen sich mit kompakteren Formen wie Mohn und Damaszener Schwarzkümmel kombinieren. Kurze Zweige können in Trockenblumenkränzen und -gehängen verwendet werden.

Ruta graveolens

GARTENRAUTE

Der Halbstrauch besitzt reizvolle blaugrüne Blätter, die so zart wie Spitze sind, kleine gelbe Blüten mit vier Blütenblättern und holzbraune Samenansätze, die wie Miniatur-Schnitzereien wirken. Die Pflanze hat ein scharfes Aroma; sie enthält einen Wirkstoff, der die Haut extrem empfindlich für Sonnenlicht macht und Blasen verursachen kann. Daher sollten Sie Handschuhe tragen, wenn Sie sie anfassen.

TROCKNEN: Samenansätze an der Pflanze reifen lassen, dann an einem trockenen Platz aufhängen oder aufrecht in ein trockenes Behältnis stellen.

DEKORIEREN: Das kräftige Aroma wehrt Insekten ab: dafür die blättrigen Stiele gebündelt aufhängen. Die Samenansätze sind in kleinen und Miniatur-Arrangements wirkungsvoll; sie bilden einen guten Kontrast zu zartem getrockneten Material wie Rosenknospen und Nelken.

Salvia officinalis

GARTENSALBEI

Salbei ist eines der nützlichsten Kräuter zum Dekorieren, da das ganze Gewächs, die graugrünen oder purpurfarbenen Blätter und die blauen oder malvenfarbenen Blüten, besonders gut trocknen. Der immergrüne Halbstrauch, im Mittelmeerraum beheimatet, kann eine Höhe von 60 cm erreichen, obwohl die Pflanzen mit der Zeit leicht holzig werden und wuchern. Die Blätter haben ein starkes Kampferaroma.

TROCKNEN: Blüten von den Blättern getrennt bündeln und beides an einem warmen, trockenen, luftigen Platz aufhängen. Die langen oval-zugespitzten Blätter rollen sich manchmal leicht ein, was aber hübsch aussieht. Kleine Blätterzweige können in der Mikrowelle getrocknet werden.

DEKORIEREN: Die Blätter lassen sich in gemischte Bündel für Kräuterkränze und Gehänge einfügen, vor allem in frische Blumenarrangements. Die purpurfarbenen Blätter sind eine reizvolle Ergänzung zu rosa und blauen Blumen in Arrangements und Sträußen. Die hohen Salbeiblüten geben zwanglosen und formalen Arrangements Höhe und Farbtiefe.

Salvia sclarea

MUSKATELLERSALBEI

Eine dekorative zweijährige, für gewöhnlich als einjährig behandelte Pflanze, die eng mit *S. officinalis* verwandt ist. Sie wird bis zu 90 cm hoch und hat ein bitteres, wohlriechendes Aroma. Die dunkelgrünen, flaumbedeckten Blätter können bis zu 20 cm lang werden, und die purpurfarbenen oder rosa Deckblätter stehen auf verzweigten, aufrechten Stengeln.

TROCKNEN: Blätter werden am besten im Entfeuchter getrocknet und dann auf Stumpendraht gesteckt. Die kleinen rotgeäderten Blätter sehen gepreßt sehr reizvoll aus. Sie können im Entfeuchter getrocknet oder an einem warmen, trockenen, luftigen Platz aufgehängt werden.

DEKORIEREN: Einzelne Blätter sorgen an der Basis eines Arrangements für optisches Gewicht. Die getrockneten Deckblätter lassen sich gruppenweise mit getrockneten immergrünen Blumen und zartem Material wie Gipskraut und Frauenmantel kombinieren.

Santolina chamaecyparissus

HEILIGENKRAUT

Dieser stark duftende, immergrüne Strauch hat rauhe, feingekerbte silbergrüne Blätter, die wie Korallen aussehen. Die Einzelblüten auf langen geraden Stengeln ähneln gelben Knöpfen und haben ca. 2 cm Durchmesser. Die Pflanze bevorzugt einen leicht sauren, gut drainierten Boden und einen sonnigen Standplatz.

TROCKNEN: Heiligenkraut gehört zu den am leichtesten zu trocknenden und wirkungsvollsten Pflanzen. Blätter- und Blütenzweige werden einfach an einem warmen, trockenen, luftigen Platz aufgehängt oder die Blüten in einem Gefäß mit ca. 5 cm hohem Wasser konserviert.

DEKORIEREN: Frische und getrocknete Zweige wirken hübsch in Sträußen und Buketts und in pastellfarbenen Kränzen für Hochzeit und Taufe. Die getrockneten Blätter können für mottenabweisende Duftkissen benutzt werden. Die Blüten setzen kräftige Farbakzente in kleinen Arrangements und Trockensträußen; sie lassen sich wie Gänseblümchen zu Ketten und Kränzchen (Kopfschmuck) für Kinder stecken.

Sauerampfer

Salbei

Heiligenkraut

Syzygium aromaticum

GEWÜRZNELKENBAUM

Die großen immergrünen Bäume, ursprünglich auf den Molukken (Gewürzinseln) beheimatet und nun auch in Westindien und Tansania kultiviert, werden ihrer kostbaren Blütenknospen wegen angebaut, die viele Jahrhunderte lang Männer zu abenteuerlichen Schiffsreisen und ganze Nationen zu Kriegen veranlaßt haben.
TROCKNEN: Das Gewürz wird geerntet, bevor sich die rosa-grünen Blüten öffnen. Die Knospen werden in der Sonne oder Heißluftkammern getrocknet, bis sie ca. 2/3 ihres ursprünglichen Gewichts verloren haben und dunkelbraun geworden sind.
DEKORIEREN: Gewürznelken werden traditionsgemäß für Duftkugeln oder zum Spicken von Orangen verwendet. Im Mittelalter sollten sie unliebsame Gerüche überdecken und sogar Fieber abwehren. Dicht gesteckt verleihen Sie Obst nicht nur Aroma, sondern auch lange Haltbarkeit.

Tanacetum vulgare

RAINFARN

Rainfarn, ursprünglich in Europa beheimatet und heute im Osten der USA wildwachsend, war während des Mittelalters in England eine weitverbreitete Pflanze in Bauerngärten. Das winterharte Kraut mag trockenen, gut drainierten Boden und einen sonnigen Platz, wo es eine Höhe von 90 cm und einen Umfang von 60 cm erreichen kann. Rainfarn hat grüne gefiederte Blätter und kleine gelbe Blütendolden, die sich lange halten.
TROCKNEN: Die Blüten gebündelt an einem warmen, trockenen, luftigen Platz aufhängen. Die Blätter können im Entfeuchter oder durch Aufhängen konserviert werden.
DEKORIEREN: Frische oder getrocknete Blüten sind Glanzlichter in Arrangements aller Art und besonders reizend in Herbst- oder Erntedankfest-Dekorationen. Die getrockneten Blätter wehren Insekten ab.

Thymus x citriodorus

GARTENTHYMIAN

Gartenthymian bevorzugt kargen, steinigen Boden und volle Sonne. Wenn er regelmäßig beschnitten wird, bildet er 10–30 cm hohe, dichtstehende aromatische Blätter, die stark nach Zitrone duften. Die Blüten sitzen an Scheinähren und sind hellrosa. Besonders dekorativ sind Sorten mit bunten Blättern wie »Silver Queen«, »Argentovariegatus« oder »Aureovariegatus«. Sie erhalten sie in gut sortierten Staudengärtnereien.
TROCKNEN: Blütenstiele gebündelt an einem warmen, trockenen, luftigen Platz aufhängen.
DEKORIEREN: Getrocknete Blüten und Blätter abzupfen und für Potpourris und Kräuterkissen verwenden, oder die getrockneten Blüten in Körbe einflechten, um ihnen Form und Aroma zu geben (siehe Kapitel 6).

Trigonella foenum-graecum

BOCKSHORNKLEE

Vermutlich in Westasien beheimatet und im Mittelmeerraum eingebürgert, wird die einjährige, bis zu 60 cm hohe Pflanze vor allem wegen ihres würzigen Samens angebaut.
TROCKNEN: Samenansätze an einem warmen, trockenen, luftigen Platz aufhängen und in Papiertüten einbinden, um die herunterfallenden Samen aufzufangen. Samen herausschütteln und auf Tabletts in der Sonne oder um Trockenschrank konservieren.
DEKORIEREN: Die flachen, eckigen Samenhülsen können als Glücks- oder Fruchtbarkeitssymbol für Brautkränze benutzt oder unter ein Potpourri gemischt werden.

Tropaeolum majus (auch *Nasturtium microphyllum*)

KAPUZINERKRESSE

Blüten und Blätter dieser Staude aus Südamerika, die bei uns einjährig ist, haben ein scharfes Aroma. Die Samen sollten in kargem Boden in voller Sonne ausgesät werden, um eine reiche Ernte der farbkräftigen gespornten Blüten zu gewährleisten. Je nach Art oder Sorte sind sie gelb, rot, kastanienbraun, orange, mahagonifarben oder cremeweiß.
TROCKNEN: Blüten und Blätter können im Entfeuchter, am besten in Silicagel-Kristallen, getrocknet werden.
DEKORIEREN: Die Blüten sind für dekorative Zwecke unvergleichlich schön. Einfach eine Handvoll in allen Farben in einem Einweckglas arrangieren, eine oder zwei Blüten als Akzente einem Krug mit Kräuterblättern beifügen, oder mit Schnur oder Kordel zur Blumengirlande binden.

Zingiber officinale

INGWER

Das erste nach Europa importierte Gewürz, ursprünglich in Südasien beheimatet, wurde im alten China und Indien kultiviert und ist heute in den meisten tropischen Ländern zu finden. Die Pflanze mit aufrechtem Stengel kann 60–120 cm hoch werden und wächst aus den dicken, knotigen Rhizomen, die das beißend-scharfe Gewürz darstellen.
TROCKNEN: Die großen, knolligen unregelmäßig geformten Rhizome können bis zu 450 g schwer sein und werden frisch und getrocknet im Handel angeboten. Frischer oder »grüner« Ingwer kann auf Gestellen in der Sonne hängend oder im Trockenschrank konserviert werden. Kommerziell getrockneter Ingwer, hart und schrumpelig, ist außen grauweiß und innen hellbraun und holzig.
DEKORIEREN: Frische oder getrocknete »Ingwerwurzel« läßt sich für kulinarische Sträuße mit Rosmarin, Lorbeer, Zimt und Chilies verwenden. Sie können Ingwer auch mit Draht oder Kleber auf einem Weidenkranz oder Bastzopf befestigen oder Stücke in immergrüne Girlanden als Weihnachtsschmuck einfügen.

Thymian

Kapuzinerkresse

Ingwer

Register